働く意義の見つけ方

仕事を「志事」にする流儀

NPO法人
クロスフィールズ代表
小沼大地

ダイヤモンド社

はじめに

自分の仕事は、誰の何に役立っているのだろうか？

僕は今、留学ならぬ「留職《りゅうしょく》」という変わった名前の事業を運営する、ＮＰＯ法人クロスフィールズという団体の代表を務めている。

留職では、民間企業の社員が新興国へと数カ月間にわたって赴任し、現地の社会課題に取り組むＮＰＯや企業の一員として、課題解決に取り組む。いわば「民間企業版の青年海外協力隊」とも呼べる取り組みだ。

参加者たちは、自社の本業で培った技術や経験を活かして新興国での課題解決に貢献するとともに、その活動を通じて「働くことの意義」について見つめ直し、仕事への情熱と目の輝きを取り戻していくのだ。

こんな「突拍子もない事業」を仲間たちとともに立ち上げ、5年が経った。

最初は誰からも見向きもされなかったが、徐々に活動の趣旨に賛同した多くの企業が留職を取り入れてくださるようになってきている。これまでにパナソニック・日立製作所・日産自動車などといった大手企業を中心に25社以上がプログラムを導入し、100人以上の日本のビジネスパーソンが、アジアの新興国で社会課題の解決に取り組んできた。

なぜ僕はこんな事業を始めることになったのか。その原点から、話を始めたい。

たった数年で消えてしまった、友人たちの目の輝き

「おまえは相変わらず熱いなぁ。でも、そろそろ会社に入って〝大人〟になれよ」

今から10年前、僕が24歳のときに学生時代の友人に言われた一言だ。

友人たちは会社に入って2年目。僕が大学卒業後に参加していた青年海外協力隊での活動を終え、日本に帰国したときのことだった。

学生時代、僕の周囲にいた仲間たちは、みんなそれぞれに高い志を持ち、情熱に溢れていた。友人たちに就職する理由を尋ねると、彼らはそれぞれに熱っぽく語ってくれた。

商社を目指していた友人は「これからはビジネスで世の中をよくする時代だ。商社に入って、世界の貧富の差をなくすようなビジネスを作りたい」と語った。

金融機関に内定が決まった友人は「銀行に入って金融の力で中小企業に活力を与え、日本をもう一度元気にしたいんだ」と胸を張って話した。

目をキラキラさせながら意気揚々と語る友人たちの姿に、僕はずいぶんと刺激を受けた。

それから約2年。

刺激に満ち溢れた青年海外協力隊の活動を経て、僕は日本に帰国した。

すぐに、久しぶりに当時の仲間たちを集めて飲み会を開いた。現地で体験したことや感じたこと、これからの自分の挑戦をどうしても仲間たちに聞いてもらいたかったからだ。

それに、彼らの社会人としての経験や学びも聞かせてもらいたかった。仲間たちと語り合い、これからの自分の人生のあり方についてヒントをもらいたかった。

飲み会が始まると、僕は学生時代の勢いそのままに、熱いトーンで仲間たちに語りかけた。だが、社会人を数年経験した仲間たちから返ってきたのは、耳を疑いたくなるような言葉だった。

「おまえは相変わらず熱いなぁ。でもさ、会社でそういう熱い話をすると、浮いちゃうぜ」

「俺も会社に入りたての頃は、仕事で世の中を変えてやろうとか、そういう熱い感じでがんばったんだよね。でもさ、そういうのをわかってくれる人って会社には少ないし、そもそも、そういう雰囲気じゃないんだよね」

「働くことって、どうせそんなもんだぜ。まぁ、おまえも早く会社に入って、そろそろ大人になれよ」

友人たちは、そんな言葉を次々と口にすると、話題は早々《はやばや》と金曜の合コンと週末のゴルフの話へと移っていった。

痛烈なショックだった。

友人たちの目の輝きは、たった数年で消えてしまっているように見えた。

「会社での仕事を通じて、世の中をよくしたい」

多くの働く人が、就職活動のときにはこんなことを本気で語って、そんな前向きな想いとともに社会人としての生活をスタートさせるはずだ。

そしてどの企業も、「わが社は、志を持った熱い人材を待っている」などと打ち出して、情熱のある優秀な人材を欲しているし、育てようとしているはずだ。働く人の「仕事への情熱」とは、企業にとっても、事業を推進していく上での重要なパワーの源になるからだ。

にもかかわらず、その若者たちの持つ情熱という貴重な財産は、会社という組織の中で、たった数年で消えてしまっている。


若者は熱い情熱を持って会社に入る。

会社も、そんな若者たちを求めている。

なのになぜ、こんな矛盾が起こってしまっているのか。


そして、なぜ日本の社会は、この矛盾を「どうせそんなもの」とあきらめて、見て見ぬふりをして放置してしまっているのか。〝大人〟になった友人たちを目の前にして、怒りにも似た感情と憤りとが、僕の胸にこみ上げてきた。

そして、この青臭い怒りこそが、僕を起業にまで突き動かす原動力となった。

「自分」と「仕事」と「社会」がつながる働き方

今僕の耳には、多くのビジネスパーソンたちからの「働くこと」に対する悲鳴が聞こえているような気がする。

「自分が今必死にやっている仕事は、はたして誰の役に立っているんだろう?」
「私は、世の中に対してプラスの価値を生むことができているのか?」

自分の仕事が自分以外の誰のためになっているのかが見えない。今の時代、こういう感覚は、誰しもが持っているものになっているのではないだろうか。

組織や事業の規模が大きくなり、一人ひとりの行う業務が細分化していった結果、自分の仕事が誰にとって価値を生んでいるのかが、見えにくくなってしまったのだ。

多くの人たちが「働く意義」を見失って悩んでいることの背景には、自分の目の前にある仕事と「社会とのつながり」が失われてしまったことがある。

では、本来あるべき働き方とは、どんな状態なのだろう。

僕は、「自分」と「仕事」と「社会」という3つが1本の線でつながっているような状態こそが、最も理想的な働き方だと考えている。

「自分」と「仕事」とがつながっているとは、次のような状態を指す。

- **自分がなぜ今の仕事をしているのかに対して、納得できる答えを持てている**
- **企業名や肩書きに関係なく、自分の仕事に揺るぎない誇りを感じられている**
- **会社での仕事を、自分自身の持つ情熱や志と重ねながら、胸を張って説明できる**

そして、「仕事」と「社会」とがつながっている状態とは、こんなイメージだ。

- **目の前の仕事が誰かの「ありがとう」につながっていることを具体的に想像できる**
- **今取り組んでいる仕事の成果が、自分の子供や孫にも必ず役立つと思えている**

この両方のつながりが実現できていて、「自分」「仕事」「社会」という3つの結び付きを、働く人がしっかりと意識できている状態での働き方。そんな働き方のことを、本書では「志《し》事《ごと》」と呼ぶことにしたい。

仕事が志事になることで、目の前の仕事の何が変わるのか。

働く人たちは「働く意義」を取り戻し、自分の今の仕事に対してやりがいを感じられるようになる。毎日の仕事が楽しくなり、会社で働くことがワクワクすることに変わっていく。

そして、働く人たちが元気になることで、組織の中には活力がよみがえり、企業のあらゆる力が高まっていく。さらには、そうした個人と組織とが増えることで、社会全体にも前向きさが生まれていくのだ。

これからたくさんの課題を乗り越えていかなければいけない現在の日本社会にとって、志事をする人が増えることは、とてつもなく大きな意義があることだと僕は思う。


では、仕事を志事に変えていくためには、何が必要となるのか。

鍵は、働くことと「社会とのつながり」を取り戻すことにあると僕は考える。

とは言っても、仕事が細分化し、顧客との接点も遠くなりがちな大組織で働く人にとって、「社会とのつながり」を実感するのは難しいかもしれない。

でも、あくまでも「難しいだけ」なのだ。


たとえ直接的には自分の仕事と社会との接点が見出しにくくても、その製品やサービスで喜んでくれる人がいることに想像力を働かせ、目の前の一つひとつの仕事に想いを込めて取り組むことこそができれば、「社会とのつながり」を感じることはできる。

実際、大企業の中で自分の仕事と「社会とのつながり」を強烈に感じながら熱く志事をする人たちに、僕はこれまでたくさん出会ってきた。

「どこで働いているのか」「何の仕事をしているのか」は関係ない。

重要なのは、目の前にある仕事に「社会とのつながり」を感じることだ。

そうすれば、今すぐにでも、仕事は志事に変えられるのだ。

誰でも今すぐ、仕事を「志事」に変えられる

ではいったいどうすれば、働く人は自分の仕事と「社会とのつながり」を感じることができるのか。

この問いに10年以上にわたって愚直に向き合い続けてきた僕が今確信していることは、「社会とのつながり」を感じるためのヒントが、「社会を変える現場」に隠されているということだ。

熱い想いと情熱を持ったリーダーたちが、十分なリソースがないという状況をも言い訳にせず、まだ世の中で解決策が提示されていないような難しい社会課題に対して真っ向から取り組んでいる。

これこそが、「社会を変える現場」の姿だ。

留職では、民間企業で働くビジネスパーソンが、こうした「社会を変える現場」に一定期間どっぷりと浸かる。そして、そこで熱い想いを持って働く人たちとともに、世の中に直接的な価値を届けるために汗を流す。この「社会を変える現場」で働く原体験を通じて、参加者は「社会とのつながり」を強烈に感じ、働くことに対する捉え方を大きく変えていく。そして、参加者たちはもとの職場に帰ってからの日々の仕事を「志事」へと変えていくのだ。

これまでに100人以上の民間企業で働くビジネスパーソンを「社会を変える現場」へと送り出してきて、僕はその劇的な変化の数々を目《ま》の当たりにしてきた。また、そもそも自分自身も、青年海外協力隊という「社会を変える現場」での経験によって、仕事を志事として捉えて働くことができるようになったと感じている。

「社会を変える現場」には、働く人が「社会とのつながり」を感じ、「働く意義」を呼び覚ますことのできる、とてつもない力がある。僕はそう強く思っている。

できることなら、業種や職種に関係なく、もっと言えば社会人のみならず学生たちも含め、一人でも多くの人に「社会を変える現場」との何かしらの接点を実際に持ってもらいたい。だが、この本を手に取ってくださった方全員が、「社会を変える現場」で実際に働くことまでを経験するわけではないだろう。

そこで本書では、僕自身の経験やクロスフィールズの活動でご一緒したビジネスパーソンの方々の経験を通じて、「社会を変える現場」で働くことの〝疑似体験〟をしていただけたらと思っている。

そして、そこから見えてくる「社会を変える現場」のエッセンスを、読者のみなさんに少しでも感じていただけたらと思う。

1章から3章までは、僕が青年海外協力隊という「社会を変える現場」を経て、自分自身が人生をかけたいと思える志事にたどり着いた背景を書いていく。僕がどのようにして自分の志を定めていったのか、また、多忙な会社員生活を送りながらも自分の志や情熱をどうやって保つことができたのか、そのプロセスとそこでの秘訣を紹介できればと思う。

4章から6章の前半では、僕がクロスフィールズという「社会を変える現場」を仲間たちとともに立ち上げたストーリーを書いていく。数々の困難にぶつかりながらもなんとかその壁を突破していったプロセスを通じて、「社会を変える現場」で身につけた志事を行う上での流儀を紹介していく。

6章の後半と7章では、「社会を変える現場」で働く経験が、ビジネスパーソンの仕事を志事へと変えていく様子を、事例を通して具体的にお伝えしたい。留職プログラムを実現していこうと僕たちと一緒になって働きかけてくださった方々や、実際に留職プログラムに参加された方々の生の事例を追体験していただき、「社会とのつながり」というものがいったいどんなものなのかを伝えられればと思う。

最後の8章では、改めて「社会を変える現場」からビジネスパーソンが学べることをまとめている。「社会を変える現場」で活躍するリーダーたちの「志事の流儀」は、多くのビジネスパーソンが参考にできる働く上でのヒントとなるはずだ。また、実は今、「社会を変える現場」とビジネスの世界との距離が急速に近づいていることや、そんな時代に働く人には何が求められているかを書いていく。

目の前の仕事に対してさらなる想い、情熱を持って取り組んでいきたいと考えるビジネスパーソンの方々。また、そうした人材を育てたいと考えている企業の人事担当者および役職者の方々。

自分が働く仕事の意義を見失いかけていて、このままでいいのかと漠然と悩んでいる方々。

ＮＰＯなど「社会を変える現場」の活動が、これからの時代を生きるビジネスパーソンにとって、どんな意味を持つのかを知りたいという方々。

あるいは、これから就職することを控えて、「働くこと」について希望と不安の両方を覚えている学生の方々。

そして、たまたま書店でこの本を手にとったという方。

本書が、この本を手にとってくださったすべての方にとって、少しでも目の前の仕事と「社会とのつながり」について見つめ直し、今の仕事を志事へと変えていくための何かしらの前向きな一歩を踏み出す上でのきっかけとなれば、筆者としてそれ以上の喜びはない。

２０１６年９月

ＮＰＯ法人クロスフィールズ　共同創業者・代表理事　小沼大地

はじめに

第1章

「社会を変える現場」で見つけた大切なもの
あまのじゃく精神と青年海外協力隊への参加

第2章
最前線のビジネス現場で学んだ仕事の流儀
マッキンゼーというプロフェッショナル集団で叩き込まれたビジネスの基本

第3章

挑戦者と応援者になる

仲間たちと作った「情熱の魔法瓶」という仕組み

第4章
想いを形にするために
起業前夜。クロスフィールズ船出に向けた葛藤と奮闘

第5章
「垂直の壁」をよじ登る
3月11日の退職、そして起業。100戦全敗からの奇跡

第6章
個人が組織を動かす瞬間
「青黒さ」で大組織を動かす。成功は「想い」の力×したたかさ

第7章

「社会とのつながり」が働く意義を呼び覚ます

「留職」という名のリーダーシップの旅

第8章

今ここの場所を「社会を変える現場」にする

ビジネスと社会とのつながりの先にあるもの

第1章

「社会を変える現場」で見つけたもの

あまのじゃく精神と青年海外協力隊への参加

この章では、僕がなぜクロスフィールズを立ち上げることになったのか、その原点となった青年海外協力隊という「社会を変える現場」での経験を書いていこうと思う。「あまのじゃく」精神のもとに、あえて人と違う道を選んで進んでいった結果、僕は自分が人生をかけて取り組みたいと思えるミッションを見つけることになる。そこまでのストーリーを紹介したい。

原体験は小学校1年生の「39対1」

自慢ではないけれど、僕はこれまでかなり風変わりなキャリアを歩んできている。

大学4年生のとき、周囲がみな企業へと就職をする中、僕は新卒で青年海外協力隊として中東シリアへと旅立った。その後、協力隊の同期の多くが国際協力の道を志して大学院に進学するか国際協力関連の仕事を選ぶ中、僕は外資系コンサルティング会社への就職というビジネスの世界のど真ん中へと飛び込んだ。

そして、ある程度の給与と成長とが約束されているコンサルティング会社での仕事を3年間でキッパリと捨て、金銭的なリターンの一切期待できないNPO法人という形態で起業するという道を選んで、今に至っている。

当然、人からはよく「変わっていますね」と言われ、「なぜそんなキャリアを選んだんですか？」と問い詰められることも多い。でも、そうした問いに対して納得してもらえる答えは持ちあわせていない。僕は至って普通の環境で育ってきたし、家族に起業家もいない。海外で育ったわけでもないし、何か特別な教育を受けてきたわけでもない。

ただ、さかのぼってみると、小学校1年生のときに、今の自分を形成する上では大きな出来事に1つだけ遭遇している。いきなり小学校時代の思い出話など披露してしまって大変申し訳ないのだが、少しだけお付き合いいただければと思う。

たしか国語の授業中に、こんな文章をクラスで読むことになった。

「寒いところに、毛むくじゃらの動物と毛がない動物とが一緒にいました。毛むくじゃらの動物は服を着ていて、毛がない動物は服を着ていませんでした。寒そうにしている毛がない動物を見て、毛むくじゃらの動物は、自分の服を毛がない動物に貸してあげました」

担任の先生は、僕を指してこんな質問をした。

「質問です。毛むくじゃらの動物は迷惑をしたでしょうか」

僕はとっさに、「喜んで貸したので、ぜんぜん迷惑じゃなかったと思います」と答えた。が、先生は怪訝《けげん》そうな顔をしていた。おそらく先生の期待する〝模範解答〟ではなかったのだろう。

すると、僕の次に指された生徒はこう答えた。

「やっぱり迷惑だったと思います。なぜなら、毛むくじゃらの動物も寒くなったからです」

おそらくこれが模範解答だったのだと思う。ただ、僕の回答をおもしろいと思った先生は、こんなことを言い始めた。

「小沼くんと同じ意見の人は教室のこっち側に来て座ってください。そうじゃない人は反対側に座ってください」

もちろん当時から知っていた言葉ではないが、先生は生徒たちにいわゆるディベートを始めさせたのだ。それまでクラスの中でも目立つタイプではなかった僕にとっては、一世一代の戦いが始まった感じだ。

最初のうちは、クラス40人がだいたい半々に分かれて互角に意見を言い合った。だが、僕の後ろにいるクラスメイトは1人減り、2人減りと、徐々に僕のチームの分が悪くなっていった。気づけば僕の後ろには誰もいなくなっていて、最後には39対1という恐ろしい状況になってしまった。

それでも「僕はとにかくこう思うんです、絶対そうだと思うんです」と、稚拙ながら必死に抵抗を試みた。でも限界が来て、いよいよ僕は泣き出しそうになってしまった。心細さから、涙が一気に溢れ出そうになった、その瞬間……。

「はい、そこまで！」

先生が突然ディベートを打ち切った。

そして、こう言ったのだ。

「……みんな、小沼くんに大きな拍手！」

反対側にいる39人のクラスメイトと先生からの拍手が鳴り響いた。その授業が終わった後も、「小沼くんカッコよかったよ」「おまえ、けっこうやるじゃねーか」というような声をかけられた。それまでほとんど目立たなかった僕は、一気にクラスで一目置かれる存在になった。

たとえ周囲が反対していたとしても、自分が正しいと思うことを、勇気を持って主張し続けることで、周囲は自分のことを認めてくれると知ったのだ。

これが、僕のはじめての「あまのじゃく」としての成功体験だった。

今振り返ってみても、先生があのときにあと5秒でもディベートを止めるのが遅れていたら、僕の人生は大きく変わっていただろうと思う。僕が授業中に泣き出してクラスの笑い者になっていたら、それは僕の深層心理に大きな失敗体験として刻まれ、二度とみんなと違うことなど、やらなかったと思う。

何かの一歩を踏み出したときや、人と違うことをやったときに、周囲や見守ってくれる存在がそれを肯定してくれるかどうかが、その人の成長の過程では極めて重要だ。僕の小学校での思い出話はおいておいても、大げさに言ってしまえば、学校での教育や企業での人材育成の現場にこうした環境があるかどうかが、画一的な枠に囚われない人材を育てられるかの分かれ目なのではないだろうか。

そして、「あまのじゃく」精神は、自分がやりたいことを見つけていく上では、すごく有効なことだと僕は思っている。なぜなら、周囲の誰も行かない道を選ぶという決断が、自分のやっていることを「自分だけにしかできないこと」とする、ある種の健全な勘違いに結び付いていくからだ。

僕の場合は、新卒で青年海外協力隊という珍しい進路を選んだ時点で、自分はとても貴重な経験をしているからがんばらなければという、よくわからない使命感が芽生えていた。そして、青年海外協力隊での活動の後にコンサルティング会社に入るという選択をしてみると、なんと過去には誰もそんなキャリアを歩んだことがある人はいないということを知った。

こうなってくると、自分自身が道を切り拓くパイオニア的な存在だと感じ始め、「きっと自分にしかできない素晴らしいことがあるはず」という妄想が生まれてくる。正しい決断だったかどうかは別として、僕が起業という思い切った決断をすることができたのは、あまのじゃく精神に基づいた、この使命感に満ちた壮大な勘違いがあったからだった。

「社会経験」を求めて青年海外協力隊へ

なぜ僕が、大学を卒業してすぐに青年海外協力隊に参加することになったのか。

僕は学生時代から国際協力を志していたわけでもなかったし、また、ビジネスの世界でバリバリやっていくことを志向していたわけでもなかった。大学時代は、ろくに勉強もしないで生活のほぼすべてをラクロスというスポーツの部活動に捧げ、4年生のときには100人くらいの組織の主将を務めていた。いわゆる、典型的な体育会系バカだった。

そんな体育会系の男子がなぜ就職活動を真面目にやっていなかったのかといえば、僕が教員志望だったからだ。

小学校時代に加え、中学・高校での部活動の顧問の先生に恵まれたことで、僕は自然と教師という職業に憧れを持つようになっていった。また、高校時代に『陽のあたる教室』という音楽教師が主人公の映画を観て感激したことも、教師を目指した大きな理由の1つだった。とにかく、僕は非常にありきたりな理由で、教師の道を目指していた。

教師志望だった僕は、いよいよ周囲の友人たちが就職活動を始めるという時期が来て、少し悩み始める。社会科の教員になる予定の自分が、何も社会経験がない中で教員になってしまってよいものか。自分なりに「社会」について語れなければ、社会について教える資格がないと考えたのだ。

そんなある日、電車に乗っていると、「青年海外協力隊募集」のポスターが目に入る。正直、青年海外協力隊について見聞きしたのは、小学校の教科書で見て以来だった。それでも、ほぼ直感的に「これはおもしろい経験ができそうだ」と、脳内のアンテナが反応した。

家に帰ってインターネットでもう少し調べてみると、青年海外協力隊の経験者と一緒に泊まり込みで語り合える合宿があった。ちょうど部活のオフの時期だったこともあり、思い切って参加してみることにした。

そこで出会った青年海外協力隊の先輩たちは、これまで出会ったことのないようなカッコよさを持っている人たちだった。部活の同期とともにOB訪問なるものも少しだけやっていたのだが、その合宿で出会った人たちは、少なくとも僕の目には、OB訪問で話を聞いた企業勤めの人たちと比べて、明らかに目が輝いているように映ったのだった。

それに、誰もが、その人にしか語れないような武勇伝や現地でのオモシロ話を持っていて、接していて「こんな大人になりたい」と思えるような魅力的な人たちばかりだった。教員を目指す自分にとっては、教員になる前に社会を見る機会として、この上なく理想的なもののように思えた。それに、あまのじゃくな自分にとっては、周囲の誰も取らないような進路を選ぶことが、どこか気持ちよくもあったように思う。

そんな経緯で、僕はほぼ勢いだけで、その後の人生を大きく変えるキャリアの選択をすることになったのだった。

行き先は中南米ではなく、中東シリア

青年海外協力隊とは、国際協力機構（JICA）が運営する国際社会への貢献のための事業である（なんらかの技術や知識を持つ日本の青年が、それを必要とする発展途上国で2年間にわたって活動する）。

当然、参加するには何かしらの技術や経験を持っている必要がある。僕は行きたいと気軽に決意したものの、調べてみるとなかなか合格は難しそうだった。それでもあきらめずに調べてみると、特定の技術や経験が求められない職種もあることがわかった。ただ、そうした職種は倍率も高かった。僕はその中では最も倍率が低い「環境教育」という職種を選び、付け焼き刃の知識を詰め込んで何とか筆記試験をパスした。面接では「気合いと根性だけは自信があります」と伝えたところ、運よく青年海外協力隊への参加が許可されることになった。

受かったとなれば、気になるのは、いったいどの国に派遣されるかということだ。実は青年海外協力隊というのは、職種は選べるものの、基本的には派遣される国は選べない。ただ、僕には計算があった。「環境教育」という職種の場合、ほとんどの場合は中南米に派遣されることになっていたのだ。

中南米ということはスペイン語圏であり、2年間をかけて将来的にも使えそうなスペイン語

を習得することができる。要請内容の多くも、「国立公園の保全」だとか「美しい海洋資源の保護」といった、何やら楽しそうなものが多かった。それに、中南米の国には綺麗な海があり、チリやコロンビアといった地域には美人も多いという噂も聞いていた。

そんなこともあって、第一報で合格が決まったのを知ったときには、とにかく大興奮だった。

「やった！　スペイン語生活！　綺麗な海！　綺麗なお姉さん！」

やがて、そんな浮かれた僕に、ＪＩＣＡから分厚い書類が届いた。そこには詳しい任務などが書かれていたが、赴任地には耳慣れない国名が書かれていた。

「シリア」

はて、中南米にそんな国はあっただろうか。赴任地イコール中南米という頭しかなかった僕は、冗談ではなく、家にあった地球儀で中南米を穴が開くほど見つめ、「シリア」という国を探したのだった。「おかしいなあ」と思って地球儀を回していると、ほぼ真裏の中東に「シリア」の文字を発見してしまった。このときに口を開けて愕然《がくぜん》としてしまったことは、今もハッキリと覚えている。

その後、当初の想定と違ったことで少し悩んだものの、これも何かの運命なのだと受け入れて、僕は「アラビア語」「砂漠（というよりは土漠という感じだが）」「髭モジャのオッサンたち」という、極めて禁欲的な2年間の生活をスタートさせることになったのだ。

自分は無意味な存在。赴任前に経験した大きな挫折

青年海外協力隊では、派遣国への赴任前に約3カ月間（当時）の派遣前訓練がある。長野県の駒ヶ根と福島県の二本松の2カ所に分かれて、それぞれ100人以上の人たちが集団での合宿生活を送るのだ。僕は福島県の二本松で合宿生活をしながら、アルジェリア人の先生からみっちりとアラビア語の特訓を受けた。

さて、そんな派遣前の合宿で、僕はシリアに行かずして、早くも大きな挫折を経験することになる。

正直に告白すると、当時の僕はかなり天狗になっていた。

自分はそれなりの大学を出ているし、部活を通じてリーダーシップも磨いてきた。世間的にはいろいろな選択肢を持っているはずの自分が「あえて青年海外協力隊という道を選んでいる」という高飛車なスタンスで、この合宿に参加していたのだ。今思えば本当に世間知らずで、世の中をなめ腐った若造だったと思う。

そして、そんな僕の甘さは、この合宿の場で一瞬にして露呈したのだった。

合宿所に集まっていた青年海外協力隊の隊員たちは、とてつもない人たちの集団だった。た

とえば美術関連の職種の隊員は、美術界で有名な賞を過去に何度も受賞していた。スポーツの指導で派遣される人は、柔道家であれば大きな大会のチャンピオンだったり、野球であれば甲子園経験者だったりする。僕のように新卒で参加する人間は数人しかおらず、多くの隊員たちは自分の専門分野での確かな実績と自信とを積み重ねてきた人たちだった。

いよいよ始まった合宿生活で、僕は運動会などの企画を考える「体育委員」という係をやらせてもらうことになった。自分なりに試行錯誤を重ねて企画書を書いて先輩に見せるのだが、何を書いても「チッ、しょうがねえなあ」「甘いよ、おまえ」と毒づかれた。何をやっても通用しない。企画の仕事をした経験があるかとか、そういう経験の有無の話ではなく、とにかく先輩たちはみな、「何かにこだわって考え抜いた」経験を持っている人たちだった。だから、僕なんかが何を提案しても、相手にされなかった。まさに、「ボコボコにされた」という感じだ。

また、話す人話す人から、「自分は派遣先の国のために、すべてを捧げる覚悟だ」という信じられないほど熱い想いを聞かせてもらうことになった。「おもしろい経験ができそうだ」くらいの参加動機くらいしか持っていなかった僕には、そこで語るべき夢も何もない。10度目の挑戦にして年齢制限ギリギリで受かったという39歳の方などと話していると、その方の想いの強さに感動するとともに、ここは本当に自分なんかが来ていい世界だったのかとさえ思うようになった。

自分はこの合宿所の中で本当に無意味な存在だと、僕は痛感した。

平たく言ってしまえば、この3カ月間の合宿で、僕のちっぽけなプライドはズタズタにされた。僕という人間は、「あまのじゃく」だとか自負しておきながら、結局は、学歴社会に象徴されるような、日本社会にはびこっている1つの〝常識〟からまったく逃れられていなかった。

それに対して、青年海外協力隊に来ている人は、なんらかの道を突き詰めたことがある人であると同時に、自分自身の志を自分の言葉でしっかりと語ることができる人たちだった。これまでの自分の短い人生経験の中では出会ったことのない、本当に魅力的で熱い人たちがたくさんいた。今まで僕が持っていた物差しとはまったく違う軸で「カッコいい」人たちだった。いわゆる「いい大学」「いい会社」に入れる人こそが「優秀」というのは幻想であると、僕は身をもって理解した。

国境を越えずとも、違う価値観の物差しを持っている人は存在している。自分は、なんて狭い世界の中で生きてきたのか。その事実に、痛烈な自己嫌悪の感情とともに、嫌というほど気づかされた。

こうして、僕の価値観はシリアに行く前からガラガラと音を立てて崩壊していった。

やるしかない。シリアでの数々の「修羅場」

さて、痛烈な洗礼を受けた3カ月の訓練を終え、僕はいよいよシリアへと旅立った。

そして当然のように、僕は現地でもたくさんの壁にぶつかることになる。

とてもすべては書ききれないので、ここではそのうちのいくつかの経験を紹介したいと思う。


先ほども少し書いたように、青年海外協力隊での僕の任務は「環境教育」だった。

当初聞いていた話では、シリアの首都ダマスカスに本部を置く環境系のNPOに所属し、そのNPOが実施している「環境に優しい村作りコンテスト」をサポートするというのが任務の柱だった。具体的には、コンテストを実施している村の1つに住み込んで、コンテストを盛り上げていくというのが業務内容ようだった。

比較的、わかりやすい活動内容であると僕は感じていた。

だが、現実はそんなに甘いものではなかった。

そもそも、JICAが発展途上国の団体からボランティアを要請されてから実際に日本人ボランティアが派遣されるまでには、非常に長い時間がかかる。案件の実施可否を検討し、ボランティアを募集して選考し、そして研修をして送り出すというプロセスには、実に2年もの月日がかかることもある。

そして、そうした期間中に、現地の団体の中で要請内容が変わってしまうことも珍しくない。僕の場合には、この期間に現地代表がなんと3回も代わってしまっていて、僕への要請は内容が変わるどころか、さらにひどい状況になってしまっていた。

このあたりの経験が当時の僕にとってどれだけ衝撃的なものであり、そして同時にどれだけ学びの大きなものであったのかを、ぜひとも書いてみたい。


シリアに入ってＪＩＣＡ現地事務所での研修を受けている間、ＪＩＣＡの職員に連れ立ってもらい、いよいよ配属予定のＮＰＯに挨拶に行くことになった。団体の代表と面談をすると、代表はシリア人ではなかった。２人の背の高い白人が立っていて、彼らは自分たちはドイツ人だと言った。

僕は不思議に思いながらも意気揚々と自己紹介をして、「環境プロジェクト、がんばります」と宣言した。が、明らかにドイツ人たちの顔はきょとんとしている。曰《いわ》く、「環境プロジェクトは前の責任者が1年半前に打ち切りました」とのこと。そして、「そもそも日本人のボランティアが来ることなんて知らなかったです。あなたたちはいったい何をしに来たのですか？」という言葉を投げかけられた。

僕はあまりの驚きに言葉を失っていたが、同行していたＪＩＣＡの職員の方もさすがに焦っているようだった。が、それでもＪＩＣＡ職員は要請があった経緯を丁寧に説明し、なんとかしてボランティアとして僕が活動を開始できるような算段をつけた。

面談を終えると、気を取り直したＪＩＣＡ職員からは、「まあ、よくあることだ。こんなことで驚いていたら、シリアで活動なんかできないぞ。小沼、とにかくあの団体の役に立て」とのありがたい激励の言葉をいただいた。

このあたり、青年海外協力隊というのは、なかなかどうして問答無用で体育会系的なところなのである。こんな形で、僕のシリアでの活動は荒々しく始まったのだった。

さて、この要請変更の話も大きなチャレンジだったが、言語と文化の壁というのも、やはり想像以上にやっかいなものだった。

先ほど僕は、日本での派遣前訓練でアラビア語をみっちりと勉強したと書いた。しかし、アラビア語にはいくつかの種類があり、僕が日本で習ったのは、アラビア語圏のどこでも通じるとされる正則アラビア語という標準語のようなものだった。だが、シリアで話されているのはシリア方言のアラビア語であり、これがまた、正則アラビア語とは大きく違うのだ。そのため、シリアに赴任する協力隊員たちはみな、シリア方言を勉強するためのレッスンを現地で1カ月にわたって受けることになる。

そしていよいよ任地となる村への赴任の日。首都ダマスカスから約2時間の悪路を、荷物とともにＪＩＣＡ職員が車で送ってくれた。いよいよ村に入って、村人たちと話をしてみる。すると、出迎えてくれた村の人がしゃべっていることがまったくわからない。彼らがしゃべっていたのは、正則アラビア語とも、1カ月間かけて学んだシリア方言とも異なる、3つ目のアラビア語だった。

ベテランのＪＩＣＡ職員も、この地方の方言がこんなにきついとは知らなかったようで、「ここまで違うんだ、へぇ〜」などと感心している。

まったく言葉が通じないので、これでは活動どころか生活ができない。これはもしかすると僕の赴任は見直されるのではないかなどと考えていると、ＪＩＣＡの職員はせっせと僕の荷物を車から降ろしている。10分も経った頃だっただろうか。

「よし、荷物は残っていないよね。小沼、がんばれ〜！」

ＪＩＣＡ職員はそう言い残し、車で走り去っていった。

それと同時に、その様子を物珍しく見ていた１００人規模の村人たちがいっせいに押し寄せてきて、口々に何か言っている。言葉がわからなかったのであくまでも想像だが、たぶん「外国から人が来たぞ」「こいつは何をしに来たんだ」というようなことで騒いでいたのだと思う。

僕は向こうの言葉が何もわからないので、いろいろ言われても答えようがない。何を言っても、「なんか東洋人がアラビア語をしゃべっているぞ、ワハハ〜」みたいなことを言われて笑われていた。とりあえずこれから住むことになる家に連れて行かれたが、僕の行動は常に30人ぐらいの子供に監視されていた。

夜になって宴会が催された。僕のために、何匹かの羊が屠《ほふ》られた。パーティー会場の中の主賓席のようなところに座るよう促され、僕の目の前には、一番上等な部位なのだと思われる、羊の頭の部分がそのままの形状でドスンと置かれた。当然、すんごい迫力だ。

「食え」

「はい」

見た目は別として、料理はなかなか美味かったが、なにしろ僕の一挙手一投足が全村人から観察されているので、食事どころではない。それに、やっぱり言葉がほとんどわからない。僕は必死に身振り手振りで自己紹介をしたりしてみたが、大笑いされてばかりで、ほとんど伝わらない様子だ。僕は心底絶望的な気分になった。

宴会が終わって家に戻っても、子供たちは容赦なく押しかけてくる。アラビア語で「やめろ！」と叫びながら鍵をかけても、今度は反対側の入口から子供たちが入ってこようとする。ほとんど蹴り出すように追い出して鍵をかけた。

それでも子供たちはあきらめず、今度は外からガンガン壁を叩き始めた。寝ようと思っても寝られない。たまりかねた僕は、鬼の形相で「うるさい！　どこかに行け！」と日本語で叫んで子供たちを追い払った。

ようやく静かなベッドで横になりながら、自分が本当にすごいところに来てしまったことに気づき、気が遠くなった。任務の内容は大きく変わり、言葉もまったく通じないシリアのど田舎の村で、僕は生まれてから最も希望を失いながら眠りについた。

あの夜の心細さは、一生忘れない。

そしてまさかの現地で〝失業〟

さて、当初予定されていた環境のプロジェクトはストップしていたため、僕は配属先のNPOが当時取り組んでいたプログラムのお手伝いをすることになった。

僕が携わったのは、「マイクロファイナンス」と呼ばれる住民の収入向上プログラムのモニタリングだった。

マイクロファイナンスとは、少額のお金を貧困層の村人に貸し付けて、村人がそのお金で小さなビジネスを始めることで収入を向上させることを助けるプログラムだ。マイクロファイナンスというと、2006年にノーベル平和賞を受賞したグラミン銀行のムハマド・ユヌス氏が有名だが、僕が青年海外協力隊に参加した頃はまさに彼がノーベル賞を受賞した頃で、僕の配属先NPOも、ある種、その流行に乗る形でマイクロファイナンスの活動を始めていた。

当然、そんなことなど知りもしなかったが、「マイクロファイナンス事業のモニタリング」をアラビア語で行うという、なんとも仰々しい活動をシリアの片田舎の人口2600人の村で僕は始めることになった。

こう書くと、何か非常に高度で専門的な活動をしていたように受け取られるかもしれない。だが、やっていたのはなんのことはない、非常に地味な活動だ。日々の活動はこんな感じで進んでいく。

村を散歩しながら村人の家を訪問し、お決まりのように味の異常に濃いコーヒーを2杯ほど飲む。コーヒーでの歓迎を受けた後、聞き取りが始まる。「私たちからお金を借りたか?」と僕が聞く。「借りた」という答えが返ってくる。フムフムと思いながら、「そのお金で何を買ったんだ?」とさらに質問をすると、村人からは「牛を買った」という答え。これは、牛の乳を搾ってミルクを売る事業を始めたということだ。そこで「事業はうまくいっているか?」と聞くと、「ダメだ」との答え。すかさず「なぜ?」と畳みかけると、「牛、死んだ」との答えが返ってくる。なるほど、これはうまくいっていない。

これが僕の取り組んだ「マイクロファイナンス事業のモニタリング」の全容だ。おそらく僕以外はどの外国人もしゃべることのできないアラビア語のマイナーな方言を、ジェスチャーも交えながら片言で話し、こんな聞き取りをひたすら続けていく。それを、受験勉強でしか使ったことのない英語で必死になってレポートにまとめて首都にあるNPOの本部へと届けるという、そんな泥臭い作業だ。ごく単純な情報しか得られなかったが、それでも本部ではそんな情報もなかなか得られていなかったようで、僕の取った生の情報を本部にいる2人のドイツ人はとても喜んでくれた。

こんな具合に毎日3～4件の家庭訪問を繰り返しながら数カ月が経つと、不思議なもので、その村特有のアラビア語方言も普通にしゃべれるようになっていった。次第に仕事も楽しくなって、ジョークなども交えて話せるようになり、村の中でも一目置かれる存在になっていった。本部でも活動の成果を認められて、徐々に僕の活動は軌道に乗ったかのように思えた。

そして、シリアに赴任して半年ほどが経った頃、ＪＩＣＡのシリア事務所に対して、これまでの活動の成果を報告する機会があった。

「配属先ではマイクロファイナンスの活動をしていて、こんな形のレポートをまとめて本部に報告しています。配属先ＮＰＯからも活動を評価してもらっていて、最高に楽しいです」

僕は自信満々に報告をした。すると、所長はこんなことを言った。

「ちょっと待ってくれ。小沼くんの任務は環境教育じゃなかったか。ＪＩＣＡとしては、環境プロジェクトをやるためにきみを配置しているんだ。いったい何をやっているんだね」

ちょっと待ってくれというのは完全にこちらのセリフだったが、ＪＩＣＡの「小沼の任務は環境教育」という方針は絶対に覆らないとのこと。環境の活動ができないのであれば、最悪の場合、配属先を変える必要があると伝えられた。

そのときには配属先NPOとも信頼関係ができていたこともあり、ドイツ人の上司に環境教育の活動もやってみないかとかけ合ってみた。が、上司は明確な戦略を持っていて、環境の活動は決して行わないと言う。僕は見事に、JICAと配属先NPOの間で板挟みの状態になってしまった。

その後もいろいろと頭を捻《ひね》ってみたものの、どうにも突破口が見つからない。僕は結局、JICAから配属先の変更を言い渡されてしまった。簡単に言えば、失業したようなものだ。

僕はシリアで働き口を失ってしまった。

JICAでは、配属先を変更することになると自宅待機が命じられることが通例とのことだった。JICA職員が新しい配属先を見つけるまで、自宅謹慎になるようなものだ。だが、僕はそれだけは嫌だったので、所長に直訴することにした。

「配属先の変更については、わかりました。でも、新しい配属先は自分で探させてもらえませんか」

所長はこの申し出を聞き入れてくれ、僕はシリアで転職活動を自力で行うことになった。

当然だが、シリアに転職エージェントなどは存在しない。僕は英語とアラビア語のパワーポイントの資料を作って、環境系のさまざまな団体にアポなし訪問を繰り返した。

数団体を回っているうちに、ダマスカス市の環境局が小学校で環境教育の授業を始めたものの、どうもうまく回っていないという情報を仕入れた。すかさず僕はアポを入れ、その団体が取り組んでいる活動を見学させてもらった。すると、素人目にもさまざまな課題が見つかったので、それをまたプレゼンテーションの資料へと落とし込んだ。

最終的にはＪＩＣＡの職員と連れ立って環境局の局長に向けて一世一代のプレゼンを行い、その上で「僕を働かせてほしい」と伝えた。結果、先方の反応は上々で、僕はシリアの首都ダマスカスで見事に職を得ることに成功したのだった。

もちろんその後もたくさんの苦労を重ねることになるのだが、その後の僕は、市内の小学校向けの環境教育プログラム作りに邁進《まいしん》することができた。結果的には、この案件は僕の後にも3代にわたって後任の隊員に引き継がれることになった。もちろん100点満点の活動にはほど遠かったが、僕は青年海外協力隊としての最低限の現地貢献をすることができたのではないかと思っている。

「放置プレー」で覚悟が決まる

今振り返ってみても、この一連のプロセスは、自分の考え方を本当に大きく変えるものだったと思う。起業家精神なるものを僕が持っているのだとしたら、間違いなく、僕はシリアでの経験からそれを学んだように思う。

これまでの人生では、僕は似通った価値観の集団の中で、何かしらの役割を明確に与えられて生きてきた。それがシリアに行ってみると、自分という人間が誰にも必要とされていないという状況に身を置くこととなった。

そこで一度は絶望するものの、なんとかして自分を認めてもらわなければと、自分にできることは何かを探して、必死で行動を続けた。

その結果、周囲の人たちに対する小さな貢献を積み上げていって、周囲から少しずつ必要とされるようになっていった。そして、いつの間にか信頼を勝ち取って、やりがいを持って仕事をすることができるようになっていったのだ。

シリアという異国の地でそんな成功体験を積めたことは、周囲からの理解や期待がない状態でも決してあきらめないという、僕の起業家としての前向きさにつながっていると思う。

また、「働くことの目的」を自ら設定するという姿勢も、シリアで学んだことだ。

僕がシリアに行く前に日本で必死にやっていたのは、偏差値偏重の学歴社会の中で、とにかく勉強をして「いい志望校への合格」を目指すということや、部活でひたすらに練習をして「目標とする大会での優勝」を目指すということだった。もちろんそれはそれで大変で、そこからの学びも当然あったのだが、ある意味では、すごく楽な勝負をしていたという感覚もある。

目の前には誰かが決めたニンジンがぶら下がっていて、僕はそのニンジンを、決められたルールのもとに、食べられるようがんばっていればよかった。でも、シリアでの経験は、自分で目の前にぶら下げる「ニンジン」を設定するところから始めなければならなかった。それに、何もしていないときや怠けたときに叱ってくれる顧問の先生や上司もいない。また、プレッシャーをかけてくるライバルや同僚もいない。言ってみれば、完全に「放置プレー」の環境だ。

この「放置プレー」状態で道なき道を進む中で、悩みながらも自分なりに覚悟を決めて一歩を歩んでいけたのは、僕にとってはとても大きなことだった。

正解がわからない中で進むのはすごく怖いことだ。でも、あるときから、どうせ決められた答えはないということにあきらめとともに気づき、自分が決めたことを正解だと思えるように、自分の覚悟したことを全力でやり切るという姿勢を、この青年海外協力隊の経験で僕は学ばせてもらった。

追い込まれた状況こそが、人を成長させる

そして、「何かを成し遂げなければいけない追い込まれた状況こそが、人を成長させる」という信念も、シリアでの経験から教えてもらったことだ。

人というのは、「これをやらなければ大変なことになるので、どうにか成し遂げなければ」という状況に追い込まれたら、その状況を脱しようとして、あらゆる意味で必死に成長をしていく生き物なのだと思う。そうした状況になれば、必要なスキルを死に物狂いで本人が勝手に学んでいくものだ。

日本における教育や人材育成の考え方は、「まずはスキルを磨いてもらおう。その上で、成長したら責任を持たせよう」となりがちだ。また、何かの行動を起こそうとしている人も、「まずは経験を積んで、準備が整ったら挑戦しよう」という思考パターンが多い。

僕のシリアでの経験は、日本でのその通例とは真逆のものだったように思う。

先ほど、配属先探しのときにパワーポイントの資料でプレゼンテーションをしたと書いたが、僕はそれまでパワーポイント資料なるものを作ったこともなかったし、作り方も知らなかった。でもやらなければ大変なことになると思い、日本にいる友人から、参考になる本を送ってもらったりしながら必死に勉強して、いろいろなことを無理やりできるようにしていった。

語学についてもまったく同じだ。

なんとか村で生きていかなければいけない、言葉ができないと何も進まないという環境に追い込まれて、自然とできるようになっていった。

つまらない話かもしれないが、シリアでは英語力も自然と身につけることができた。お恥ずかしい話だが、シリアに赴任したときの僕の英語力は、TOEIC®テストのスコアでいうと500~600点ぐらいだったと思う。それでも、帰国するときにテストを受けたら、900点を超えるくらいにはなっていた。シリアでも外国人としてたまに英語で話すことを求められて、そのときに「この日本人はアラビア語どころか、英語もできないのか」と言われては信頼を失うと思って、ここぞと必死に勉強せざるをえなかったのだ。

当然のことながら、当時の僕にとって、語学にしろ何にしろ、何かのスキルを伸ばすということは目的ではなかった。ただ、そのスキルを伸ばさざるをえない状況に置かれていたから、必死になって学んだだけだ。

僕は青年海外協力隊の経験によって、語学力、異文化コミュニケーション、ロジカルシンキングなどといった、いわゆる「グローバル人材」なるものに必要とされるスキルを結果的に身につけることになった。これらは、大学のときにいくら「これからはグローバルに戦えるスキルが必要だ」と言われても伸びなかった能力だ。

経済的指数では見えてこない「幸せの価値観」

「シリアに行って一番よかったことは何ですか？」と聞かれたら、僕は「これまで知らなかった幸せの価値観に出会えたこと」と即答する。

シリアという国で暮らしていて、驚いたことがある。それは、紛争が始まる前の当時のシリアで暮らす人たちが、とにかく幸せそうだったということだ。

シリアという国は、ＧＤＰという経済的な指標で測れば、もちろん日本と比べたら非常に遅れていると捉えられている。

特に僕の住んでいた人口２６００人の村などには何の有望な産業もなく、経済的にはかなり低い水準で暮らす人が溢れていた。さまざまな家庭を訪問する仕事をしている中でも、収入面の質問などをしてみると、明らかに厳しい状況が浮かび上がってきた。そうした意味では、僕の住んでいた村の人々は、社会の教科書に出てくるような、いわゆる「途上国のかわいそうな人々」と言えるだろう。

でも、実際に家庭を訪問して話をしていても、そこには悲愴《ひそう》感などはまったく感じられなかった。家の中ではたくさんの子供たちが楽しそうに遊んでいて、親たちは「この娘は本当にかわいいだろう」「うちの奥さんは料理もうまくて美人だし最高だろう」などと、満面の笑みで家族の自慢をしてくる。そのうちにご近所さんたちが何人も遊びに来て、たわいもない話をしながら、ガッハッハと笑い合っている。

僕の目には、どこにも「かわいそうな人々」なんて見当たらなかった。

幸せの定義が何なのかという難しい話はできないが、シリアの農村で彼らとともに生活をする中で、少なくとも経済的な指標だけで幸せを捉えることはできないと僕は悟った。もし仮に「笑っている時間の長さ」や「家族や友達と一緒にいる時間」というのが幸せの基準だったとしたら、日本とシリアをその基準で比較してみたら、シリアの完勝なのは明白だった。

とても印象的だった思い出がある。

僕が他の青年海外協力隊の友人を僕の住む村に連れてきたときのことだ。ある村人が自慢気にこんなことを言った。

「見てみろ。この村にはなんでもあるだろう」

この言葉を聞いたとき、つい笑ってしまいそうだった。僕と友人の目に映るのは、ダダッ広い痩せた土地と、そこにウロウロする羊とニワトリ、そして彼の質素な家だけだったからだ。日本人の僕たちからしたら、お世辞にも「なんでもある」などとは決して言えない光景だった。

ただ、家庭訪問を繰り返して彼らの幸せそうな笑顔を見るうちに、彼が言っていたことの意味が僕にも徐々にわかってきたように思う。自分が愛する家族や友人が目の前で幸せそうに笑っていて、自分の愛する村と土地がそこにあるという実感。

「なんでもある」という言葉は、目に見えるもののことを指しているのではなくて、「彼らにとって必要とするすべてのものがある」という意味だったのかもしれない。

シリアの農村で、一緒に暮らしていた村人たちの魅力に魅せられながら、日本という経済大国で育った自分の価値観がいかに凝り固まっていたのかに、気づかされていったのだった。

もう1つ、僕がシリアの村人たちから教えてもらったのは、「働くことの意味」についてだった。

家庭訪問をしている中で、僕は村にいる人たちに「なぜその仕事をしているのか?」という質問を投げかけていた。その答えが、みんなあまりにもカッコいいのだ。

農業をしている村人からは、「この野菜を美味しく作って、村の八百屋で売ってもらって、村のみんなに食べてもらうんだ。そしたら村が豊かになるだろ」という答え。また、大工をしている村人からは、「この家を頑丈に作ったら、隣の××さんが喜ぶからさ。俺が家を作り続けて、村が少しでも豊かなところになればと思っている」という言葉をもらった。誰もが村のことを大好きで、その村がよくなるために働いていると誇らしげに語ってくれた。

中でも、僕の同僚だったアリさん（当時45歳）からは、「働くことの意味」について、とても大切なことを学ばせてもらった。

彼は僕の暮らしていた村の村長の長男で、そのままでいれば村長という村の安定した名誉職に就ける立場にいる人物だった。にもかかわらず、彼は村長になる道を選ばず、僕の所属していたNPOの職員として働く道を選んだ。そして、文字どおり、馬車馬のようにがむしゃらに働いていた。シリアの人は概してそこまで長時間働いたりしないものだが、彼は毎日首都ダマスカスと村とを行き来しながら、本当に一所懸命働いていた。

あるとき、僕はそんな彼に、村長にならなかった理由や、なぜそんなに一所懸命働いているかを問いかけたことがある。そのときに返ってきたのは、こんな言葉だった。

「私ががんばって働けば、その分だけこの村はよくなるんだ。この村が、シリアという国が、少しでもよりよくなっていく姿を、私はどうしても見たいんだ」

このときのアリさんの目を輝かせながら語っている顔は、今も僕の脳裏に焼き付いている。自分が働くことが自分以外の誰かのための役に立っているのだと、こんなにも自信を持って言えること。こんなにカッコよく働く人が世の中にいるということを、僕は知らなかった。

はたして日本でそう胸を張って言える人は、どれだけいるのだろうか。僕は彼のカッコよさにはっとさせられると同時に、自分も彼のように目を輝かせながら働ける人間でありたいと、心に誓ったのだった。

正直なところ、青年海外「協力」隊というプログラムの名前もあってか、僕自身、豊かな国の住民である日本人が、かわいそうな途上国の人を助けにいくという構図を、どこか頭の中で描いていた。でも、僕が経験したのは、まったく逆のことだったのだ。実際には、僕が貢献したことなんて本当に一部で、途上国の人たちから勉強させてもらうことばかりだった。

うまく言葉で表現するのは難しいが、日本人が経済的に豊かになっていく過程で失ってしまったものが、途上国にはあるように僕には感じられた。それは、家族や友人たちとのつながりであるかもしれないし、自分ががんばることで所属する地域や国が発展していくという誇りや高揚感かもしれない。

シリアで暮らす人たちの幸せそうな笑顔を見ていると、ここには大切な「何か」があると直感的に思えたのだ。

もちろん、いわゆる先進国のほうが持っているものも多い。安定的な経済や生活の利便性、優れた技術など、挙げたらキリがない。ただ、そうしたことが本当に人々の幸せにつながっているのかというと、あやしいところかもしれない。

いったい、「豊かさ」とは何なのか。

そんな答えのない問いについて、僕は今日に至るまで頭の中でぐるぐると考え続けている。

運命を変えたドイツ人コンサルタントとの出会い

さて、青年海外協力隊での経験談が長くなってしまっているが、最後に、僕のその後のキャリアと、留職という事業を考える直接のきっかけとなった出会いについて書いておきたい。

先ほども書いたように、僕の派遣先のＮＰＯには、２人のドイツ人がいた。彼らはドイツに本社を置く経営コンサルティング会社から、１年間の契約で経営陣として派遣されていたのだ。

当初、なぜ経営コンサルタントというビジネスの世界の住人たちが国際協力という畑違いの世界に派遣されてきたのか、僕にはまったく理解できなかった。ただ、彼らと数カ月間一緒に働いていく中で、僕は彼らが来ている理由を目の当たりにすることになる。

彼らはビジネスの力を使ってＮＰＯの活動を次々と改善していったのだ。

これまでなんとなくやっていた活動の成果をすべて数字で管理することを徹底し、誰がいつまでにプロジェクトをどこまで進めるかを管理できる体制を構築した。それ以外にも、組織の戦略も大幅に見直して、持続的に事業が継続できるための戦略を作っていった。

もちろんすべてが上手くいったわけではなかったが、彼らによる改革のプロセスでさまざまな課題が浮き彫りになり、確実に組織は前に進んでよくなっていった。僕は本部ではなく現場の最前線で村人たちと過ごしていたわけだが、現場レベルでもプロジェクトが改善されて、結果的に村人たちの生活が向上していることを実感できた。

国際協力や社会貢献という、ビジネスとは縁遠いと思っていた世界が、むしろビジネスの力によって大きく前進していくことに驚きを覚えたのだ。社会貢献とビジネスがつながることで、新しい価値が起こることを、僕は肌で実感したのだった。

僕にとって、これは大きな発見だった。

また、この2つの世界が交わることで、もう1つの化学反応も生まれていた。

2人のドイツ人コンサルタントは、僕の目から見ると、当初は単純に仕事として業務をこなす「課題解決マシーン」のように働いていた。だが、僕の同僚のアリさんのような、自分の力で村をよくしたいという情熱を持って働いている人と一緒に仕事をして、また、村の人々から自分のやった仕事で「ありがとう」と言われる経験を通じて、彼らの働き方もまた変わっていった。彼らもいつの間にか、アリさんたちの情熱が乗り移ったかのように、徐々に目を輝かせながら働くようになっていったのだ。彼らは自分たちのスキルや経験と「社会とのつながり」を感じたことで、目の前の仕事を「志事」に変えていったのだ。

社会貢献や国際協力の世界に溢れる、「社会を変える現場」で働く人の強い想いや情熱というものは、僕だけでなく、ドイツ人コンサルタントたちにも伝播《でんぱ》していった。国際協力とビジネスという2つの世界をつなぐことからは、どうやら計りしれない価値が生み出されていくらしい。そんなことを、このドイツ人たちの経験から僕は教えてもらったのだった。

ユーフラテス川のほとりで見つけた、人生をかけるべきミッション

シリアでの生活が始まって1年くらい経った頃、僕は正直、混乱していた。23年間の人生を日本で過ごしてきた自分が信じてきた「幸せの価値観」が大きく揺さぶられ、これまで関心を持っていなかったビジネスの力についても考えさせられた。そして、シリア人の同僚やドイツ人上司たちからは、数え切れないほどのことを教えてもらった。

今まで部活をやることくらいにしか脳ミソを使ってこなかった自分には、過剰なくらいの刺激だった。

混乱の中、ダイヤルアップ回線の遅いインターネットを使い、僕はシリアでいろいろなことを調べてみた。すると、世の中には、社会貢献とビジネスが融合した「ソーシャルビジネス」という概念があるということや、社会を変えることに事業として取り組む「社会起業家」という生き方があるということを知った。そうした言葉には、まるで僕がシリアで感じていたことがそのまま表現されているように感じ、僕は大いなる興奮を覚えたのだった。

そんな混乱と高揚の中、ちょうど配属先が変わるタイミングで、僕は1週間の休みをとってシリア国内を一人旅してみることにした。日本から送ってもらった司馬遼太郎の『竜馬がゆく』全巻をバックパックに詰め込み、まさに典型的な「自分探しの旅」へと出かけたのだった。

海外で歴史小説を読むと、簡単に自己陶酔に陥るものだ。シリア北部のラッカという町で『竜馬がゆく』をむさぼるように読んで、僕はまるで自分自身も幕末の志士であるかのような、壮大な勘違いとナルシシズムの世界に浸かった。それで勝手に盛り上がってスイッチが入ってしまったのだろうか。ユーフラテス川のほとりで、対岸に燃えるような夕陽が周囲を真っ赤に染めながら沈んでいくのを見たとき、僕の背中に電流のようなものが走った。

「僕の人生の使命は、社会貢献の世界とビジネスの世界をつなぐことだ。そして、情熱を持って働く人たちで溢れる世界を創りたい」

なぜかスッと、あれから10年以上が経っても少しも変わることのない、僕の人生のミッション・ステートメントが、そのまま降りてきたのだった。

もちろん、この時点で、今クロスフィールズで取り組んでいる事業のモデルまで思い浮かんだわけではない。ただ単に、東京の大企業で働いている僕の友人たちの世界と、青年海外協力隊での経験を通して出会った「社会を変える現場」でがんばる素晴らしい人たちの世界とを、つなげてみたいと思ったのだ。

ただ、そうすればきっと世の中はすごくおもしろいことになるんじゃないか。そのことだけは確信して、自分はそれをやるためにこれからの人生をかけていきたいと、胸に誓ったのだ。

青年海外協力隊というあまのじゃくな進路を選んだ先に、僕は人生をかけるべきミッションを見つけたのだった。

column

「社会とのつながり」を渇望するミレニアル世代

1980年から2000年までに生まれた世代(2016年時点での16~36歳)は「ミレニアル世代」と呼ばれ、今、世界的に注目を集めている。この世代は、デジタル機器やインターネットが普及した時代に生まれ育った最初の世代であり、これまでの世代とは大きく異なる価値観を持つと言われている。

この世代の代表的な特徴としてよく指摘されるのは、モノやカネよりも「経験」を重視するという傾向だ。もう少し上の世代は高級車やマイホームを購入することに憧れを抱いていたが、この世代はむしろルームシェアやカーシェアを楽しみ、所有せずに誰かとつながって「共有(シェア)」することにこそ、価値を置いている。

そして、ミレニアル世代は働くことに対する価値観も大きく変化させている。

デロイト・トーマツ社が2015年に世界29ヶ国のミレニアル世代を対象に行った調査によれば、この世代が就職先を選ぶ基準として最も重視しているのは給与でも製品でもなく、「企業が事業を行っている目的(Purpose)」であり、実に6割の対象者がそう回答している。また、英ガーディアン紙のミレニアル世代を対象にした調査でも、「高い給料をもらうことよりも人のためになる仕事をしたい」と44%が回答し、「勤務先が社会に貢献していると働く意欲が増す」と36%が回答している。

この「社会貢献志向」とも言えるミレニアル世代の傾向が日本においても顕著であることは、リクルートワークス研究所等の調査結果でも指摘されている。最近では大手転職エージェントが「NPO・社会貢献」を冠した転職セミナーを盛んに開くようにもなっていて、そうしたセミナーは20代、30代の求職者で、いつも超満員だ。

こうしたことを書くと、「やはり最近の若者は草食系で元気がない」と感じる方もいるかもしれない。だが、ソフィアバンクの藤沢久美さんも指摘するように、そもそも「若者はその時代に足りないものに対してハングリー」なのだ。

高度成長期の若者たちは、自分たちが豊かな暮らしをすることを求めて、高級車やマイホームを渇望した。一方で、モノで溢れ返った時代に生まれ育ったミレニアル時代はモノやカネには憧れの気持ちを抱かない。むしろ高度成長と引き換えに「現代社会に足りなくなってしまったもの」に焦点を当てていて、それこそが「つながり」なのだ。ミレニアル世代がSNSを駆使して必死に誰かとつながろうとし、シェアすることを好むのはそのためだ。

仕事においても、ミレニアル世代のキーワードは「つながり」だ。「自分が働くことで社会が豊かになっている実感」や「自分の仕事と社会とのつながり」そのものが圧倒的に不足している。だからこそ、若者たちは社会貢献志向を強めているのだ。

ミレニアル世代は、社会とつながろうと必死だ。上の世代が高級車やマイホームに憧れていたのと同じエネルギーで、社会に貢献することや、社会をよくしていくことに対して貪欲に渇望しているのだ。

ミレニアル世代が労働人口において重要な位置付けになっていく中で、働く人たちのモチベーションの源泉は大きく変化している。自分の所属する組織がどれだけ社会に貢献しているのか、また、どれだけ仕事と社会とのつながりを実感できるのかが、優秀な若手人材を惹きつけ続ける上で、何よりも大切なことになってきている。

これからの時代、組織としての「社会に対する姿勢」を明確にすることや、「働くことの意義」に焦点を当てたマネジメントを行うことの重要性は、どのような形態の組織にとっても等しく高まっていくだろう。

第2章

最前線のビジネス現場で学んだ仕事の流儀

マッキンゼーというプロフェッショナル集団で叩き込まれたビジネスの基本

この章では、青年海外協力隊を経て入社することになった、マッキンゼーでの3年間について書いていく。かなり恥ずかしいエピソードではあるが、会社で落ちこぼれだった僕が、目の前の仕事と「社会とのつながり」を感じることによって、仕事へのやる気を取り戻してどうにか活躍できるようになった話を書いていきたい。また、クロスフィールズを創業してからも大切にしている、「問題解決」や「インパクト」への異常なまでのこだわりという、マッキンゼーで学んだ仕事の流儀についても紹介していく。

「だったら、マッキンゼーに就職したら？」

ユーフラテス川のほとりで電流に打たれた後、社会貢献の世界とビジネスの世界をつなぐという構想を、上司であるドイツ人コンサルタントにぶつけてみた。

「ダイチ、素晴らしい考えじゃない！　応援するわ」

上司はそう即答してくれた。嬉しかった。自分の進みたいと思っている道はやっぱり間違っていないんだ。そう考えて、僕は心の中でガッツポーズを決めていた。すると、その直後に、耳の痛い質問が飛んできた。

「でもあなたはビジネスの経験がないわよね。これからどうやってその構想を実現していくつもりなの？」

至極当然の質問なのだが、恥ずかしながら、帰国してからの計画などろくに考えていなかった。ただ、それでも下手な英語でしどろもどろになりながら答えていると、自分でも驚いてしまうような言葉を、僕はとっさに口にした。

「社会貢献の世界での経験は、シリアでの青年海外協力隊の活動を通して積むことができた気がしています。帰国後は、企業に入ってビジネススキルを学ぶのがいいと思っています」

もともと教師になるという構想しか描いていなかった自分の口から、生まれて初めて「企業に入る」という言葉が出てきた。でも、これはあくまで付け焼き刃での回答だった。

どんな企業に入るべきかもわからなかったし、そもそもビジネススキルとは何なのかも、まったくイメージはなかった。端的に言えば、浅はかな答えだったわけだ。すると、それを見透かしたようにドイツ人上司は助け舟を出してくれた。

「企業でビジネススキルを学ぶんだったら、私が働いている経営コンサルティングの会社に入ったらどうかしら? 楽しいわよ。日本で入るんだったら、そうねえ、マッキンゼー・アンド・カンパニーかボストンコンサルティンググループ(BCG)というのは、とてもよい選択肢だと思うわ」


振り返ってみれば、僕の進路を決定づけることになったのが、このときの具体的過ぎるアドバイスだった。人生で重要な意思決定をするとき、僕はそれぞれの選択肢のメリット・デメリットを吟味して慎重に検討することもあるが、一方で「この人の言うことであれば」と思えるような尊敬する人に出会ったら、その人のアドバイスに身を任せることもある。このときは、完全に後者だった。

とはいえ、自分が経営コンサルティングの会社に入るなんて一度も考えたことがなかったし、何より、コンサルティングがどんな仕事なのかもよくわかっていなかった。マッキンゼーやBCGという名前を聞いたのも、そのときが初めてだった。

再び、ダイヤルアップ接続の超低速インターネットで「コンサルティング業界」なるものについて調べてみた。

すると、たしかに楽しそうな仕事ではある。

いろいろな業界の企業と仕事をできるというのは、ビジネスの世界を知りたいというモチベーションの自分にはピッタリだと思った。また、競争の激しい環境の中で相当ハードに働くというワークスタイルも、青年海外協力隊に参加したことで周囲より3年遅れて就職する自分にとっては最適のように感じた。

そして、意外なことに、僕が出会ったドイツ人コンサルタントたちのように、社会貢献や国際協力の世界とのつながりも強いようで、OBOGにも社会貢献分野で活躍している人材が多かった。

特にマッキンゼーには、社会起業家の父と言われるアショカ財団のビル・ドレイトンさんや、ボツワナのエイズ対策で目覚ましい成果を上げたアーネスト・ダルコーさんといった、社会貢献や国際協力の分野で世界的に成果を上げている人物が数多くいて、明らかに異彩を放っていた。

僕もこの会社に入ってみたい！

シリア奥地の村で、異常なまでの高揚感を感じながら、僕は自分の希望する進路を定めていった。もちろん、僕がこの会社に入るのがどれだけ大変なのかは、当時まったく考えていなかった。そして僕は、帰国後にまた打ちのめされることになる。

なぜ元青年海外協力隊員が、マッキンゼーに入れたのか

シリアでの約2年間の任務を終えて日本に帰国した僕を待っていたのは、いわゆる就職活動というものだ。ただ、僕の場合は自己分析をして進路選びを始めるというプロセスはすっ飛ばして、ドイツ人から聞いた2社のコンサルティングファームの門を叩くということが中心だった。

最初の関門として、書類選考と筆記試験があった。すると、BCGは筆記試験であっさり不合格となった。最後の望みのマッキンゼーでは、革靴を持っておらず、黒いスニーカーで面接に臨んだのを覚えている。面接対策をバッチリとこなしてその場にいた学生たちからは、きっと不思議な目で見られていたと思う。

面接会場で数人の学生と話をしてみて、僕は自分が場違いかもしれないということにようやく気づき始めた。ほかの学生たちは、学生時代にビジネスコンテストでの優勝経験や、過去にベンチャー企業でインターンシップの経験があるなど、コンサルティング会社への就職に向け

た準備をしっかりと積んでいるようだった。
一方で、僕が積んできたのは、ビジネスとはほぼ無関係の部活と青年海外協力隊の経験だけだった。遅ればせながら、こんな自分が選考を突破できるのだろうかと、不安に襲われ始めたのだった。

それでも運よく面接を通過すると、5日間のインターンシップが待っていた。10人くらいの学生が3つのチームに分かれ、ある実在の企業の成長戦略を提案するというものだった。

初日、チームのメンバーとの自己紹介の時間が終わって議論が始まると、開始10分も経たず、僕はいよいよ自分がまったく通用しないことに気づかされる。そもそも、ビジネス用語やテクニカルタームがわからず、会話にならない。周囲の学生が何気なく使っている言葉を聞いても、何を言っているのかわからなかった。

議論の展開にまったくついていけず、頭が真っ白になった。あまりの無力感と恥ずかしさから、その場から逃げ出したくなって1日に何回もトイレに駆け込んだほどだ。

「あぁ、自分は本当に場違いなところに来てしまった」と、思い切り後悔するとともに、なぜ自分が経営コンサルティング会社に入れるなどと安易に思ったのか、自分を呪いたかった。そして、余計なアドバイスをくれたドイツ人のことも恨み始めてすらいた。

ただ、それでも逃げ出さずに最終日まで食らいついて5日間のインターン日程を終了すると、信じられないことに僕は奇跡的に内定をもらうことができた。

いったいなぜ僕のような人間がマッキンゼーという組織に入り込むことができたのか。それは、この採用のプロセスで幸運な出会いがあったからだった。

その人物とは、当時新卒学生の採用責任者をしていた金田修さんという方だ。

彼は東京大学・財務省を経て、マッキンゼーで史上最年少役員になったというすさまじい人物だ。その一方で、学生時代のアルバイトで吉野家の日本一店長になったり、マッキンゼー在職中にも国連機関でアドバイザーを務めたりと、一般的なエリートビジネスパーソンとは少し違ったところも持っている方だった。

5日間のインターンシップが終わって内定をもらったとき、不思議に思った僕は金田さんに、なぜ自分のような人間が内定をもらえたのか、おそるおそる理由を尋ねてみた。

「……おまえのパフォーマンスは本当にひどかったぞ。特に初日の様子とか、過去見た学生の中でも最低だったんじゃないかな」

そんな恐ろしい発言に続き、こんな言葉をもらった。

「でも、この5日間で一番成長したのもおまえだった。5日間でこれだけ成長するなら、きっとほかの奴らにも追いつけるんじゃないかって俺は信じたんだ。でも、現時点の絶対値であれば、間違いなくほかの学生を採用するからね。おまえの強みは成長力なんだから、入社したら死ぬ気でがんばれよ」

かなりパンチの効いた激励のメッセージだったが、このときのアドバイスは、僕が一人の社会人として、また、クロスフィールズの経営者としても非常に大事にしている教えだ。

自分にはたいした能力がないということを自覚し、素直にアドバイスを聞き、ただひたすらに努力をして成長することを志向する。おそらくは部活と青年海外協力隊での経験で身につけたであろうこの資質が、ビジネスの世界においても経営においても、僕の強みでもあり勝負どころでもあるのだ。

そのことに気づかせていただき、その成長する力を信じて、僕をマッキンゼーに採用するという博打を打ってくれた金田さんには、本当に感謝の気持ちしかない。

ちなみに金田さんには、その後もメンターとしてずっとお世話になり続けていて、なんと現在はクロスフィールズの正式なアドバイザーにも就任していただいている。人生というのは、本当にどんな巡り合わせが待っているかわからないから、おもしろい。

ようやく見つけた、コンサルタントとして働く意義

さて、順調に仕事をこなしていく同期の横で、自他ともに認める「伸びしろ採用」だった僕は、当然ながら入社後には相当な苦労をすることになった。

犯した失態を挙げたらキリがないが、かなり初歩的な話として、そもそも僕はエクセルも使ったことがなかった。エクセルの関数の存在すら知らず、「関数って、あの数学とかで習ったやつですか」と聞いて会議室にいたチームのメンバーが文字どおり凍りついた光景は、今もハッキリと覚えている。

中でも入社半年くらい経ったときに任せられた金融関係のプロジェクトは、特に散々の出来だった。

毎日、数回にわたって先輩社員とのミーティングが行われ、そこで作業の進捗状況を報告することになっていたのだが、このミーティングが本当につらかった。インターンのときと同じように、ミーティングの時間が近づくと、現実逃避にも近い気持ちでトイレに駆け込んで、天変地異でも起きてミーティングが中止にならないかとただひたすらに祈ったものだ。そんな様子なので、当然ミーティングは悲惨なものとなる。

「すみません、何もできていません」

僕が頭を下げて先輩社員に謝るのが、日課のようになっていた。そんな毎日が続き、約3カ月のプロジェクトは、光がまったく見えないままに終わってしまった。自分の強みであるはずの成長力も、このプロジェクトではほとんど発揮できなかった。

当時はリーマンショックによる不況の嵐が吹き荒れていたときだった。

特に外資系の企業に就職した友人たちの中には、入社1年目や2年目でも会社から解雇を言い渡される人も現れ始めていた。予想どおりにそのプロジェクトで散々な評価を受けた僕も、クビになることを本気で覚悟した。

次のプロジェクトで結果が出せなければ確実に会社にはいられない。そんな進退をかけたプロジェクトは、ある全国的な小売チェーンの全社改革プロジェクトだった。

だが、正直言って、僕の心はその前のプロジェクトで折れかけてしまっていた。精神的にも肉体的にも疲弊してしまって、なんとかがんばって結果を出そうというエネルギーが消えかけてしまっていた。働くことに対するモチベーションが見出だせなくなってしまっていたのだ。

そんなとき、ふとしたことから転機が訪れる。

プロジェクトに入った数日後、日経新聞の一面に、そのクライアント企業の業績が悪化していることを伝える記事が書かれているのを見かけた。その日のランチタイムに一人で定食屋に行くと、そのことを話題にして、会社員たちがため息交じりにものすごく暗いトーンで会話をしているのを耳にしたのだった。

そのとき、僕はハッとした。

もしも僕たちが今のプロジェクトで成果を出して、この企業の業績を好転させることができれば、近い将来、日経新聞にはこの企業の増収増益を明るく伝える記事が載るはずだ。

そうすれば、ランチタイムに出会ったあの会社員たちは明るい話をすることができて、世の中も少しは前向きになっているはずだ。それに、そもそもクライアント企業を元気にすることは、その会社に勤める社員の方々やアルバイトの方々の笑顔を作ることにもなるわけだ。

当時の僕は、「自分」と「仕事」と「社会」とがバラバラになって、働く意義を完全に見失っている状態だった。それが、定食屋での会話と新聞記事をきっかけに、自分の仕事と「社会とのつながり」を強く意識してみようと思い始めることができたのだ。

このとき僕は、自分がコンサルタントとして働く意義をようやく見つけられたような気がした。それまでは、ついつい自分の成績や評価のことにばかり目がいってしまっていた。だが、むしろ、自分がどんな価値を社会に対して提供できているかを考えたほうが、少なくとも僕の場合には前向きな気持ちになれた。不思議なことに、自分のクビのことなど、どうでもよくなった。そして、目の前の仕事に対して、自分の内側から力強いエネルギーが湧いてくるのを感じた。

僕の中で、マッキンゼーでの仕事が少しずつ志事に変わり始めた瞬間だった。

「自分の仕事で世の中を明るくしてみせよう」

そんなことをパソコンの前でブツブツと呪文のように唱えながら、僕はとにかくがむしゃらに働いた。クライアント企業のことをひたすらに思い、どうすれば業績が上がるのかを考え続けた。

そして同時に、ありがた過ぎる助け舟もあった。このプロジェクトで失敗したら小沼はクビだということが、おそらく一緒に働く先輩社員にも伝わっていたのだろう。そのプロジェクトでは、先輩社員が基礎の基礎まで立ち戻って、みっちりと丁寧に指導をしてくれた。

ロジカルに整理する考え方、リサーチの方法、エクセルやパワーポイントの効率的な使い方、そしてプレゼンテーションでの話し方などなど。

とにかく、いろいろなことをゼロから叩き込んでくれた。

先輩は優しかったが、もちろんそこに容赦はない。僕が作った資料を提出すると、数分後に先輩は涼しい顔でその資料を返却しながら言う。

「ちょっと赤入れといたから」

しかし、戻って来た資料を見ると、黒い部分は残っていない。ほとんど原形をとどめないほど真っ赤に修正されて戻された。それでも、何度もそんなやり取りを繰り返しているうちに、だんだんと黒い領域が増えていった。先輩も「おまえも成長したなぁ。直すところがほとんどなくなってきたよ」とほめてくれた。ただ、やっぱり資料の半分ぐらいは赤で埋まっていたのだが……。

そのプロジェクト以降、新しいプロジェクトが始まるたびに、その仕事で自分が結果を出すことは社会にとってどんな意味があるのかを妄想し、そのことを紙に書き出すようになった。そして、つらい局面になると、その紙を必ず見返して、自分を奮い立たせた。

このときの僕を支えてくれたのは、間違いなく「社会とのつながり」の力だった。

シリアの人たちに教えてもらった、目をキラキラさせながら働く姿勢は、ビジネスの世界の中でも体現することができる。少しずつ日々の仕事を楽しむようになりながら、僕はそんなことを実感していた。

こんな日々を送りながら、僕はコンサルタントとして、ビジネスパーソンとしてのイロハを自分なりに懸命に吸収していった。次第にクライアント企業の方々からも感謝されるようになり、コンサルタントとしての仕事が楽しくて仕方なくなっていた。

そして、本当に信じられないことなのだが、僕は同期でも一番早いタイミングで次の役職に昇進することになった。

自分の昇進のために仕事で結果を出すという姿勢を完全に捨て、社会に対する価値だけを考えるようになった僕が、結果的に会社からも評価されたのだから、不思議なものだ。

「解けない問題はない」と信じ、やり抜く

マッキンゼーというプロフェッショナル集団で働いていて印象に残っているのは、この組織が原理主義的な宗教にも近いくらいの流儀をいくつか持っているということだ。

そのうちの1つが、「問題解決」への異常なまでの強いこだわりだ。

コンサルティング会社の仕事とは、クライアント企業が抱える重要な問題を解決する道筋を一緒に考えていき、実際に解決していくためのお手伝いをすることである。

一つひとつのプロジェクトで取り組む問題のことをマッキンゼーでは「イシュー」と呼ぶが、このイシューを特定し、分解して構造化し、優先順位付けし、解決策の仮説を立てていくといった、問題解決を進めていく上でのお作法的なステップがある。

この問題解決のステップを使って、クライアント企業の売上向上策を考えたり、組織改編を実践したり、海外進出のお手伝いをするなど、ありとあらゆる企業のお困りごとに応えていくのがマッキンゼーの仕事だと僕は理解している。

ある自動車会社の営業組織の改革プロジェクトに取り組んでいたときの話だ。地方でのプロジェクトだったため、日中をクライアント先で過ごして、夜になって疲れ果ててホテルに戻る

という生活を送っていた。

このプロジェクトでは、夜の時間帯にマネージャーに電話をかけるというルールがあった。1日の終わりに業務報告の連絡を入れるのはどの会社でもやることだと思う。必要な報告や相談をして、「ご苦労様。明日もがんばってね」といった具合に、上司からねぎらいの言葉をかけてもらうといったコミュニケーションが一般的だと思う。

しかし、マッキンゼーでのコミュニケーションに〝遊び〟はない。

20分間にわたるこの電話の時間も、そのほぼすべてが問題解決の場として使われる。

「状況はわかった。それで、何がイシューなんだっけ？」

「どうしてそういう状況になっちゃってるんだっけ？　もう少し課題を分解して教えてよ」

ねぎらいの言葉などは一切省き、問題をただひたすらにロジカルに整理し、分解し、優先順位付けして、問題解決を図っていく20分間。非常にEQの低いコミュニケーションなわけだが、話し終わるとどんな状況からも立ち直ってしまうほど、やるべきことがクリアになっている。

すべての会社で通用するかどうかは別として、これこそが「問題解決」にこだわるマッキンゼーの文化であり、思考様式であり、コミュニケーションのあり方になっている。

ある意味、落ち込んでいる余裕もないほどに、問題解決に特化する。そして、「だったら次にするべきことは何？」を考えて、スピード感を持って仕事を前に進めていく。この習慣が身につくと、不思議と精神的に落ち込むこともなくなっていくから恐ろしいものだ。

ある日、僕がクライアントとの関係性をうまく構築することができず、最終的にはクライアントから怒鳴られるということがあった。これはさすがにショックで、ひどく落ち込んだトーンで、マネージャーとの電話セッションでそのことを報告した。

「……それで、なんで怒鳴られたんだっけ？」

「さすがに今日は、なぐさめの言葉は少しくらいあるだろう」という僕の淡い期待は瞬時に裏切られ、マネージャーは冷静にイシューを明確にしようとする。

「……コミュニケーションのあり方として、僕の敬意が伝わっていなかった気がします」

「そのことに自分が今まで気づけなかったのが、今回の原因だったと思います」

するると、矢継ぎ早に返答がくる。

「どうして敬意が伝わらなかったわけ？　どうしてもっと早く気づけなかったの？」

「それは僕の最初の段階での見立てが甘かったからだと思います。今考えてみれば、僕の態度は至らないところだらけだったと思います」

「なるほどね。じゃあ、次にやるべきことは何だっけ？」

「信頼関係の再構築です」

「それって、具体的に何をやるんだっけ？」

「これから一緒に飲みに行こうと思います」

「わかった。じゃあ、さっそくそれをやって！」

「はい」

マッキンゼーでのコミュニケーションの中心にあるのは、常に「問題解決」なのだ。

こんな具合に、問題解決に対して異常なまでの執念を持っているため、マッキンゼーで働く人たちは、どこか「僕たちがちゃんと考えさえすれば、この世の中にあるすべての問題は解決することができる」と真面目に考えているところがある。

仕事をしていても、とにかく解こうとしている問題が解決できるまでは、誰もが脳ミソが擦り切れるほどに考え抜く。イシューの設定は正しいのか、本当にその解き方でクライアントの問題は解決されていくのかなど、とにかく議論を尽くして最高の問題解決をしていくという知的探索のプロセスだ。

僕の感覚からすると、「絶対に解けない問題はない」という、まっすぐな、青臭いまでの誇りを持って、アカデミックな好奇心に近い探究心を持って仕事をしている集団だ。こうした姿勢は、とにかく利益を出すことを志向する一般的な営利企業での働き方とは、かなり違ったもののように思う。

「問題解決にこだわり抜く」という、圧倒的な信念。強烈な価値観を持っている組織というのは、優秀な人材を惹き付けることができ、組織にいる人を熱狂させることができるということを、僕はマッキンゼーという組織の中で学ばせてもらった。

「インパクトを出すこと」への徹底的なこだわり

問題解決と並んで僕の印象に残っているのは、「インパクトへのこだわり」だ。

自分の発言や作業が一緒に働いているプロジェクトのメンバーにどれだけ貢献しているのか。クライアント企業に対してどれだけの価値を発揮しているのか。また、世の中にとってどれだけ意味のあることをやっているのか。

あらゆる意味で、自分が生み出している価値やインパクトに対してこだわることは、入社した初日から、それこそ嫌気が差してくるほどに口酸っぱく言われ続けた。

いよいよマッキンゼーを卒業することを決め、当時の日本支社長に対して退職の意思を伝えたときに釘を刺されたのも、この「インパクトへのこだわり」についてだった。

退職する直前のタイミングで昇進していた僕に対し、支社長は見たことのない迫力の顔で迫ってきて、こんなことを言った。

「おまえ、本当に辞めたいのか？　いったいそれが何を意味しているか、本当にわかっているか？」

マッキンゼーでは退職することを「卒業」と呼び、次のステップに向けた決断ということで大いに応援するというカルチャーがある。たしかに昇進した直後ということで支社長としては複雑な心境だったのかもしれないが、僕は応援されることを予想していたので、すごく面食らった。

「もう一度、今、昇進したきみがマッキンゼーに残って、これから生み出すことができるインパクトについて考えてみろ。今、この場で、だ」

僕は戸惑ったが、目を閉じて、このままマッキンゼーに残った自分をイメージしてみた。たしかに、この言葉の意味することは重かった。マッキンゼーのクライアントになっている企業は、世の中を支える製品やサービスを生み出している、売上が数兆円規模あり、従業員が数万人いるような、そんな世界的な大企業だ。これからさらにマッキンゼーで重要な職位について、そうした企業の経営のお手伝いをするということで、大きなインパクトのある仕事ができるということを、改めて感じた。

すると、支社長は急に優しい表情に変わり、こんなことを言った。

「きみが描いたビジネスプランは素晴らしいし、私はきみの起業という選択を全力で応援する。ただ、1つだけ約束してほしい。決して、ちょっとした成功なんかで満足してはいけない。きみがこれからマッキンゼーで出すことのできるインパクトは大きい。必ず、それよりも大きなインパクトを、これから立ち上げる事業で生み出しなさい。その覚悟がないのなら、起業はやめてマッキンゼーに残ったほうが世の中のためだ。このことを、忘れてはならない」

僕が受け取った、これまでで最高の激励の言葉だった。

今の僕が、胸を張って「あのときにマッキンゼーを辞めなかった自分以上のインパクトを出していますよ」と支社長に言えるかはわからない。だが、NPOの経営者として、誇りを持ってそのことにこだわる姿勢だけは常に持ち続けているつもりだ。

マッキンゼーでの3年間で得た最も大きな学びは、このときにもらった言葉かもしれない。

column

社会起業家という「社会現象」と、社会貢献の担い手の変化

社会とのつながりを渇望するミレニアル世代からは、「社会起業家(ソーシャル・アントレプレナー)」という新しい働き方が提示された。社会起業家とは、社会の課題をビジネスの手法を使って解決することを目指す事業家のことを指す。従来の慈善活動的なアプローチとは異なる革新的な社会貢献のあり方として、日本でも2005年頃から注目を集めている。

代表的なのは、病児保育というサービスを事業化した認定NPO法人フローレンスの駒崎弘樹さんや、ワンコイン検診で検診弱者を救おうとするケアプロ株式会社の川添高志さん、また、カンボジアやインドで児童買春の課題の解決を目指す認定NPO法人かものはしプロジェクトの村田早耶香さんなどだ。

これまで社会貢献の担い手といえば、社会的奉仕の精神を貫く聖人君主的なイメージが強かったかもしれないが、社会起業家たちはそうした人種とは一線を画しているように感じる。ミレニアル世代の少し上の世代、いわゆるホリエモン世代であればITベンチャーを起ち上げてIPO(株式公開)を目指していたような、そんな優秀かつ情熱的な人たちが、社会変革を目指して必死にガツガツ働いているイメージだ。

第2章でも触れたが、マッキンゼー出身者にも社会起業家は多い。日本オフィスの出身者には、途上国の飢餓と先進国の飽食の課題の解決を同時に目指すTABLE FOR TWO Internationalの小暮真久さんや、革新的なテクノロジーを世界中に届ける米国NPOコペルニクの中村俊裕さんなど、著名な社会起業家が多い。社会へのインパクトにこだわるマッキンゼーの人

にとって、社会起業家という働き方は親和性が高いのかもしれない。

　また、社会起業家としての働き方は、最近ではその裾野が広がってきているように感じる。

　先ほど紹介したような代表的な社会起業家は、何かしらの強い想いを持って、大学を卒業してすぐに起業するという、ある意味では極端なキャリアをたどるケースが多かった。

　だが今は、キャリアとしては一度企業に入ってから起業するような層が増えてきている。僕自身もそのタイプであり、教員やコンサルタントを経て認定ＮＰＯ法人Teach For Japanを立ち上げた松田悠介さんなどもそのうちの一人と言えるだろう。

　また、自ら起業するのではなく、こうした社会起業家たちが立ち上げた組織に加わる人たちの数も非常に増えている。

　そして、こうした人たちはみな、驚くほどに優秀だ。僕の経営するクロスフィールズには現在14人の有給職員がいるが、手前味噌ながらも、非常に優秀な仲間たちが集まってきている。外資系のコンサルティング会社や総合商社、大手メーカー、国際機関などを経て、社会貢献の世界に飛び込んできているのだ。このように、社会貢献の担い手は、大きくその表情を変えている。

　そして最後に指摘したいのが、企業の中で社会起業家のように働く人たちも増えているということだ。自らの所属する企業の持つリソースやネットワークを使いながら、社会に対して大きなインパクトを生み出すことを目指す。そのような「企業内社会起業家（ソーシャル・イントラプレナー）」と呼ばれる働き方が、今、注目を集めている。

　このように、さまざまな人たちがそれぞれの立場でリーダーシップを発揮し、社会をよくする活動を行う時代になってきている。「社会起業家」という言葉が時代遅れのものになる日も近いかもしれない。

第3章

挑戦者と応援者になる

仲間たちと作った「情熱の魔法瓶」という仕組み

第3章では、僕がマッキンゼーという会社で忙しく働きながら、どのようにして自分自身の想い・情熱を保っていたのかについて書いていきたい。僕が想いにフタをせず、最終的にクロスフィールズの創業に向けて舵を切ることができたのは、決して鋼のような強い意志を持っていたからではなく、想いを保つための仕組みを作ったからだった。この章では、その仕組みの中心である「仲間と作るコミュニティ」の持つ力と、僕が実践したいくつかの秘策について紹介したい。

同じ志を持つ「仲間」こそがすべて

僕が仲間たちとともにクロスフィールズという組織を立ち上げ、どうにかこうにか5周年を迎えることができたのはなぜなのか。その最も大きな要因とは、部活や青年海外協力隊で鍛え上げられた僕の根性でも、マッキンゼー時代に培った経験やビジネススキルでもない。

「仲間」の存在だ。

クロスフィールズを一緒に作ってきてくれた「仲間」の存在と、クロスフィールズを立ち上げて成長させていこうという想いと志を応援してくれた「仲間」の存在こそが、すべてだったと思う。

僕はこの「仲間」という存在を、コミュニティを立ち上げるという少し不思議な形で作っていった。本章では、同じ志を持つ仲間の集まるコミュニティを持つことの大切さと、そのためのプロセスについて、僕の経験をもとにして書いてみたい。

僕は青年海外協力隊を経験した後に民間企業へと就職するという選択をしたわけだが、この選択は、僕にとって非常に怖い選択だった。

なぜか。もともと体育会系だった僕は、あまのじゃくなところもあるとはいえ、基本的には所属する組織の価値観に染まりやすい人間でもある。それはすなわち、日本企業で働くビジネスパーソンの価値観に染まっていき、自分自身も「目の輝きを失った社会人」になってしまうリスクが高いということを意味していたからだ。

平たく言えば、せっかくシリアで学んできたことを忘れて、自分も情熱を失ってしまうことが怖くてたまらなかった。

でも、どうすれば「青臭くて熱苦しい自分」のまま、情熱を持って働くことができるのだろうか。入社を数カ月後に控えた僕は、考えに考えた末に、非常にシンプルな解決策を思いついた。

「そうだ、こいつと話していたら自分も熱い話をせざるをえないというような仲間と、定期的に会って飲み交わす場を強制的に作ればいいんだ」

なんとも体育会的な考えではあったが、切羽詰まっていた僕は、このアイデアを実行に移そうと、この考えに乗ってくれそうな仲間を集めて、飲み会を開いた。

そこに集まったのは、大学時代の部活の同期3人だった。3人とも会社勤めをしていて、毎日忙しい日々を送っていた。普通に飲んでいたらくだらない話だけして終わってしまうということで、この日の飲み会は、「自分たちの将来を語り合う」というテーマを設定することにした。

飲み会にテーマ設定をするということで、最初は変な感じだったが、さすが選び抜かれた熱い仲間たち。飲み会は、見事なまでに盛り上がった。

「会社で働く人たちが熱くないのはどうしてか」「部活を引退するときよりも最高だと思える瞬間は、どうすればまた来るのか」など、それぞれが普段感じている問題意識について、思い切り熱く語り合い、議論を交わした。語り合いは尽きることなく、あっという間に飲み屋の閉店時間になった。

「今日の飲み会は熱かったし、最高に楽しかった。どうしようかね、これから」

誰ともなく、そんな話が出た。そこで、僕は満を持して口を開いた。

「熱い社会人の仲間たちが定期的に集まるコミュニティを作らない？」

退席を促す店員さんが明らかに嫌な顔をするのを尻目に、僕は印刷してきたパワーポイントの資料をカバンから取り出し、渾身の力を込めたプレゼンを始めた。


そこには、勉強会の構想が描かれていた。僕たちのような熱い想いを胸に秘めた若手社会人たちが定期的に集まり、すでに想いを形にして行動を起こしている社会起業家やＮＰＯ経営者のような勇者たちをゲスト講師として招いて、彼らの話を聴く。そこで刺激を受けるとともに、若手社会人たちは、ゲスト講師の方々のために、自分たちが貢献できるアイデアを出したり、実際に手を動かしたりして、彼ら・彼女たちの活動に対して貢献する。そんな勉強会の構想だった。

僕は調子に乗って、団体の名前まで勝手につけていた。

団体の名前は、「コンパスポイント」。

コンパスは、方角を示すときに使う羅針盤のコンパスではなく、円を描くときに使うコンパスのことだ。そのコンパスで円を描くときに針が刺す中心点のことを、英語でコンパスポイントと言うのだという。コンパスで円を描こうとすると、いつの間にかきれいな線を描くことばかりに夢中になって、ついついこの中心点のことを忘れてしまう。それでは美しい線は描けるかもしれないが、軸がぶれてしまっては、結局は円にならない。

だから大事なのは、自分の軸となる中心点を常に意識することだ。そんな、情熱を持っている社会人にとっての、コンパスポイントを思い出すような場。

「そんなコミュニティを、一緒に作らないか？」

そんな投げかけとともに、僕の渾身のプレゼンは終わった。

残り3人の酔っぱらいたちも、団体名まで決めている妄想癖のある僕に呆《あき》れてはいたが、「よっしゃ、やろう！」と言ってくれた。

酒の勢いも手伝い、まさに記念すべき自分たちのコミュニティが誕生したのである。

朝7時にファミレス集合。多忙な中でも集まり続ける「仕組み」

異常なテンションの飲み会が終わってしばらく経ったが、そもそも勉強会なんて開催したことのない超体育会系の男たちには、すべてのことが手探りの状態だった。準備のための打ち合わせを重ねたものの、なかなかうまく進んでいかない。そして、まだ入社前だった僕以外のメンバーはみんな、多忙な会社員だった。これでは活動をスタートすることはできても、長くは続けられないんじゃないか。早くも、暗雲が立ち込めていた。

そんなとき、メンバーの1人が、信じられない提案をした。

「なかなか時間が取れないなら、一緒に住もう。そうすりゃきっと、話す時間もできる」

本気で勉強会を立ち上げるのであれば、しっかりと時間を使えるようにしなければ意味がない。現実にそれが難しいのであれば、みんなで一緒に住んで朝にミーティングをしてから会社に行けばいいじゃないか。そんな提案だった。

今でこそシェアハウスは一般的になってきているが、2008年当時はそんな概念は一般的ではなく、常軌を逸した提案だったと言える。しかし、ここは勢いづいている体育会系の男たち。全員が即答でOKを出し、そのまま不動産屋へと向かったのだった。

こうして、体育会系の男4人が3階建ての一軒家に暮らすという、奇妙な共同生活が始まった。

さて、共同生活が始まってからは、一気に活動が加速した。夜の時間は帰宅がバラバラで、一緒に住んでいても集まるのが難しかったので、週に何回か早朝の時間にミーティングをした。また、家の中でやるとメリハリがつかないということで、最寄り駅近くのファミレス、ジョナサンが僕らの会議室になった。朝7時にジョナサンまで家から一緒に出かけて行き、そこで1時間くらいのミーティングを行い、みんなで駅に行って各自の会社へと出社していく。そんな形で、コンパスポイントの活動は徐々に形になっていった。

いよいよ勉強会の計画を実行に移す日が近づいてきて、僕たちは1つのルールを決めた。それは、この勉強会には、それぞれのメンバーが自信を持って紹介できる、信頼できる仲間だけを連れてこようというルールだった。

メーリングリストなどで不特定多数に広く呼びかけてしまうと、コミュニティとしての絆が薄くなってしまう。そうではなく、一緒に世の中を変えていくような挑戦をともにしたい。そう思える仲間たちが、強い絆で結ばれているようなコミュニティにしていこうと話し合った。

そんなわけで、記念すべき第1回には、4人のメンバーそれぞれが2人ずつの仲間を呼んでくるというルールで開催され、10人くらいの仲間が集まって開催された。

初回のゲスト講師には、認定NPO法人かものはしプロジェクトの共同代表である本木恵介さんに来ていただいた。当時26歳くらいで、発起人の4人や参加者たちと、ほぼ同年齢だった。大学を卒業して企業に就職することをせず、カンボジアの児童買春をなくすための活動に奔走していた、まさに僕たちのイメージするロールモデルだった。

ほとんど年齢の変わらない同世代の人が、一方ではNPOを立ち上げて挑戦している。そのことを聞き、集まったメンバーたちは、思い切り刺激を受けた。そしてまた本木さんも団体の経営上の悩みを打ち明けてくれ、その課題をどのように解決していくべきかについての議論がなされた。終了後には懇親会を開き、そこでも飲みながらいろいろなことを語り合った。

参加したメンバーからは、終了後に「久々に熱い想いを思い出した。本当にありがとう」という声をかけてもらった。さらには、「自分と同じような問題意識を持つ仲間がいることが本当に嬉しかった。ぜひこれからも継続してこの場を持ってほしい」という旨の長文のメールが後日に届いたりした。また、本木さんからも、「同世代で企業勤めをしている人たちが何を考えているのかわかり、みんなとつながることができてよかった」という嬉しい言葉をもらうことができた。

第1回の勉強会は、出来過ぎなくらい、イメージしたとおりの場となった。忙しく働きながらも価値ある場や刺激を生み出せるということを、僕たちは学ぶことができた。

ちなみに、コンパスポイントの活動は、2016年現在、50回近く開催していて、延べ人数ではすでに1000人以上の社会人たちが参加してくれるまでになっている。

やはり同世代の仲間たちは冷めているわけではなく、胸に秘めた志が見えなくなってしまっているだけなんだ。こうした場があれば、そうした仲間たちの情熱を熱い状態に保つことができる。そんな確かな手応えを、僕は会社勤めをしながらコンパスポイントの活動をする中で、感じていった。

想いを保ち続けるための「情熱の魔法瓶」

コンパスポイントの活動を始めたばかりの頃、友人の紹介で、日本の社会起業家の草分け的な存在である認定ＮＰＯ法人フローレンスの駒崎弘樹さんとお話する機会があった。思い切って彼にコンパスポイントの構想を話してみると、とてもポジティブな反応が返ってきた。

「すごく意味がある活動だね。つまり、『情熱の魔法瓶』のような活動なわけだ」

駒崎さんの言葉が意味していたのは、こんなことだ。多くの人の情熱は、放っておけば次第に冷めてしまう。でも、この胸に秘めた情熱も、コンパスポイントのような場があれば、その熱を保つことができる。そして、いつかその情熱を発揮するときに、熱を熱いままに注ぐことができるようにすることを目指す。だから、「情熱の魔法瓶」というわけだ。

振り返ってみて、コンパスポイントというコミュニティは、まさにこの「情熱の魔法瓶」という機能を大きく果たし続けているように思う。

自分と同じ問題意識を持つ人と定期的に話すことができれば、想いは強制的に思い出される。また、ゲスト講師を呼ぶと、新たに刺激を受けることで、自分も何かをしなければという気持ちが働く。そんなことが、コンパスポイントの活動の中で実感できるのだ。

この活動を始めてからの8年間で、コンパスポイントに深く関わってくれた仲間たちの多くは、情熱を何かしらの行動に変えているように思う。たとえば「いつか留学したい」と言っていた仲間のほとんどは、実際に留学したし、「いつかこんな仕事がしたい」と語っていた仲間たちは、さまざまな形で行動を起こし、イメージに近い仕事をするようになっている。また、僕のように「これを人生かけてやりたい」という想いがあった人間は、独立や企業といった挑戦を起こしている。もちろん特にキャリア上の変化のない人もいるが、そうした人も、高い志を持って日々の仕事に取り組んでいるように感じる。コンパスポイントに集まっている仲間には、どこかで異常なレベルの熱さがあるように思うのだ。

僕自身のことを考えても、熱い仲間と強制的に語る機会があったことや、自分の興味関心に近い一歩先行くゲスト講師から直接話を聞けることは、忙しく働く会社勤めの日々の中で、想いを失わずにいる上で本当に刺激になった。本を読むことや、講演を聴きに行くだけでは、こんな刺激は決してもらえなかったと思うし、想いを保ち続けることはできなかったと思う。

3年後、俺の代わりにこの辞表を出してくれ

少し話はコミュニティからそれてしまうけれど、僕の場合、自分の想いが失われてしまうことに対して本当に大きな恐怖心を抱いていた。そこで、自分の胸に秘めた情熱を保つため、自分を追い込むためにいくつかの秘策を講じた。

マッキンゼーという組織に入るとき、僕はあまり根拠もなく、3年が限度だと思っていた。3年以上いたら、きっと僕は「ビジネスと国際協力をつなぐ」という志を忘れて、ビジネスの世界に埋没してしまうと考えたのだ。もちろんそれ自体が悪いということではないが、僕の場合には、ユーフラテス川のほとりで電流が流れたあの経験を、絶対にムダにしたくないと思っていた。

そこで、採用面談のときに、身の程も知らずに高らかに会社に宣言したのだった。

「3年で辞めるつもりです」

これは本当に舐めていたと今でも思う。ただ、マッキンゼーというのは変わった会社なもので、「3年で辞めるならそれでいい。3年でしっかりとインパクトを出してもらう」といった具合に、それが理由で入社を拒否されることはなかった。本当に運がよかったと思うし、マッキンゼーという組織の懐の深さには、いくら感謝してもし切れない。

そして、会社に退職宣言をするだけでは飽きたらず、僕はもう1つの〝奇行〟に走った。コンパスポイントのメンバーの1人に辞表を託したのだった。

「3年後、俺がマッキンゼーの環境に完全に染まって、これからもビジネスでバリバリやっていくぜ、みたいな感じになっていたら、俺の代わりにこの辞表を出してくれ」

会社にコミットする人生が悪だとは思わない。ただ、自分の場合は、マッキンゼーに入ることは、志を実現するための手段のはずだ。それなのに、いつの間にか手段が目的化してしまうのは本意ではない。

もちろん、最終的に会社に残る道を選んだとしても、それはそれでいい。ただ、そのときに、当時の想いを上回る何かを考えていることが、僕にとっての最低条件だった。何の気なしに現状維持で会社にいるのは、とにかく嫌だった。そうならないぞという誓いの証として、仲間に辞表を託すという極端過ぎる行動に出たのだ。

あまりおすすめできるような行為ではないかもしれないが、少なくとも僕の場合は、こうした追い込み策が自分の想いを保つ上で大きな助けになったと思う。

重要なのは、行き先よりも「だれをバスに乗せるか」

ジム・コリンズ著『ビジョナリーカンパニー2』というあまりにも有名なビジネス書の中に、「だれをバスに乗せるか」というフレーズがある。僕はここに書かれている考え方がとても好きだ。

「だれをバスに乗せるか」という章の副題は、「最初に人を選び、その後に目標を選ぶ」というものだ。どんな企業でもＮＰＯでも、普通は、最初に組織が実現したい世界観や事業モデルがあって、その上で、それを実現するのに最適な人材を集めるのが正攻法だ。でも、この本には、逆のことが書かれている。

「はじめに適切な人をバスに乗せ、不適切な人をバスから降ろし、その後にどこに行くかを決めるべきである」

これがこの本の推奨する考え方だ。初めて読んだときはこの考え方はピンとこなかったが、今は、ここで書かれていることの意味がよくわかる。クロスフィールズという組織が立ち上がった経緯こそが、まさにそのプロセスそのものだったからだ。

コンパスポイントとは、何か特定の事業を始めるために始まった組織ではない。「胸に秘めた情熱を持っている若手社会人たち」が、非常に濃い人的ネットワークの中で有機的につながることで出来上がったコミュニティで、まさにこの本に書かれているバスのような存在だった。バスには具体的な行き先は書かれていない。ただ、似たような志向性と志を持って信頼し合える、「適切な人」たちが集まっている状態だった。

そして、「適切な人」が集まれば、次第に集団の中で化学反応が起きてくる。「これだけの仲間が集まったんだ。どこかに行こう」という話が持ち上がるのは、自然な流れだ。コンパスポイントのメンバーで何かを始めようという話が持ち上がり、共同創業者の松島由佳と僕の2人が「クロスフィールズ」という明確な目的の書かれたバスの運転席に乗り込んで出発することになったのだ。

ちなみに、クロスフィールズの創業期には、コンパスポイントで一緒に時間を過ごした仲間たちが何人も参画してくれた。志をともにする仲間たちと一緒に働けるのは本当に心強いし楽しいと、今も実感している。

前述の『ビジョナリーカンパニー2』の「だれをバスに乗せるか」という章は、以下のような言葉で締めくくられている。

「何を達成できたとしても、時間の大部分を愛情と尊敬で結ばれた人たちと過ごしているのでなければ、素晴らしい人生にはならないからである。愛情と尊敬で結ばれた人たち、おなじバスに乗っているのが楽しい人たち、失望させられたりはしない人たちと時間の大部分をすごしていれば、バスの行く先がどこであろうと、まず間違いなく素晴らしい人生になる」

挑戦する力と応援する力

コミュニティの持つ力の中でもとりわけ重要なのは、挑戦を応援する力だ。僕はそもそも、挑戦と応援とはその2つが合わさってはじめて、その力を発揮すると思っている。

この「挑戦と応援」の関係について、たくさんのことを教えてもらった人がいる。

僕が最も尊敬する人の1人である、認定NPO法人ロシナンテスの川原尚行さんだ。NHK「プロフェッショナル仕事の流儀」やTBS系列「情熱大陸」でも取り上げられた方なので、ご存じの方も多いと思う。ごく簡単にではあるが、川原さんとロシナンテスの活動について紹介させてほしい。

ロシナンテスは、アフリカ北東部の国スーダンで医療を中心とした支援を続ける国際協力NGOだ。川原さんはその団体の理事長であるとともに、現場で活動を行う医師でもある。川原さんは中学の頃からラグビーを始め、北九州の名門小倉高校でもラグビー部のキャプテンを務めた。その後、九州大学の医学部に入学してからもラグビー部に入部し、またも主将として活躍するという、正真正銘の体育会系の九州男児だ。

大学を卒業後、さまざまな経験を経て、川原さんは外務省の医務官としてスーダンに赴任する。医務官の仕事は在留の日本人を診察することであり、現地の人を診察することは禁じられていた。しかし、目の前には病気に苦しむたくさんの現地の人がいた。そのことに疑問と憤りを感じた川原さんは、大使館と喧嘩をして外務省を辞めてしまう。まったくその後の計画もないまま、川原さんは日本に帰国する。

なんとかスーダンでの医療支援をしたいと頭を捻っていると、自らＮＰＯを立ち上げるという道があることを知る。そこで川原さんは、小倉高校ラグビー部の後輩２人を巻き込み、たった３人でＮＰＯを立ち上げる。立ち上げ資金２０００万円のほとんどすべては、小倉高校と九州大学のラグビー部から集めたというから驚きだ。その後も、ラグビー部時代の人脈を武器に活動を続けているという、非常に稀有な団体である。

もともと川原さんとは何ら面識もなかったが、僕が青年海外協力隊から帰国した後、大学院の修士論文執筆の関係でスーダンを訪れた際に知り合ったのだった（実は、僕は大学卒業後、そのまま大学院に籍を置きながら、青年海外協力隊の活動を行っていたのだ）。研究のためにスーダンに来ていたものの、泊まる場所すらちゃんと準備していなかった僕に、川原さんはボランティアすることと引き換えに、食事と寝床を提供してくれたのだ。

僕は川原さんの診療のアラビア語通訳としてお手伝いすることになったため、幸運にもスーダンの無医村で約10日間にわたって川原さんと寝食をともにする機会に恵まれた。冷房も何もない藁葺《わらぶ》き屋根の家で、僕は川原さんとともに、文字どおり裸の付き合いをさせてもらった。

学生時代に部活に没頭して、その後に途上国を訪れて感化され、自ら団体を立ち上げて国際協力の現場で活動している川原さん。僕が川原さんの境遇と自分の境遇を勝手に重ね合わせていたことは、言うまでもない。そんな彼とともに濃密な時間を過ごさせてもらい、僕は大いなる影響を受けた。


川原さんから教えてもらったことは数知れないが、最も刺激を受けたのは、「仲間さえいれば、自分の人生を自分で切り拓くことだってできる」という信念と生き方だ。外務省を辞めて自分でNPOを立ち上げるという道がありえるということを、僕はそれまで知らなかったし、そうした人生に魅力を感じることもなかった。

川原さんたちの活動が素晴らしいのは、ラグビー部のOBたちが川原さんの活動をひたすら応援していて、それによって川原さんの活動が成り立っているという関係性だ。想いを持って挑戦を続ける川原さんは本当にカッコいいし、その挑戦を応援してロシナンテスを支える人たちもまた気持ちよさそうで、カッコいい。挑戦する人と応援される人のつながりはなんて美しいんだろうと、僕は感嘆した。

もしも川原さんが誰からも応援されず、孤軍奮闘していたらロシナンテスの活動が今も続いているかどうかはわからない。少なくとも僕は、川原さんをロールモデルにしようとは思わなかったと思う。つまり僕は、すさまじい挑戦をしている川原さんに憧れたというわけではなく、そんな無謀な挑戦が、誰かにちゃんと応援されているという事実に、奮い立たされたわけである。挑戦する人のことを応援する力。川原さんは、小倉高校ラグビー部というコミュニティを活かして、途方もない冒険を貫いていると言えるのだ。

想いを持った挑戦は、その挑戦が自分以外に向けられた誠実なものである限りにおいては、必ず誰かに応援してもらうことができる。そして、挑戦と応援が合わさることで、何かが前に進んでいくのだ。

川原さんとロシナンテスの関係者の方々からは、そうした大切なことを教えていただいた。

column

日本でも広がりつつあるプロボノ「社会を変える現場」への新しい関わり方

一般の人たちがNPOなどの「社会を変える現場」の活動に関わるには、さまざまな方法がある。ボランティアとして団体の活動のお手伝いをすることもできるし、転職をして職員として働くこともできる。また、寄付をしたりサポーター会員になることで、金銭的な面から活動を応援するという方法もある。

そして、「社会を変える現場」への新しい関わり方として近年注目を集めているのが、「プロボノ」だ。プロボノとはラテン語の「プロ・ボノ・パブリコ（公共善のために）」が語源で、「職業上のスキルや専門知識を活かしたボランティア活動」のことを指す。

プロボノの活動では、企業などに勤めるビジネスのプロフェッショナルたちが、本業の仕事が終わった平日の夜の時間帯や週末の時間などを活用して、無償でNPO活動の支援を行う。たとえばファイナンスのプロはNPOの中期的な収支計画を練り、広告代理店のデザイナーは団体のロゴやホームページを作るプロジェクトに携わる。こうした具合に、高度に専門的なスキルを活かして活動を行うのだ。

このプロボノという概念を世界的に広めたのは、米国サンフランシスコに本部を置くタップルート・ファウンデーションという2001年創業のNPOだ。創業者はアーロン・ハーストという社会起業家で、社会貢献の世界とビジネスの世界の境界をなくすためにプロボノの活動を広めることを考えたのだという。

プロボノ活動を行うビジネスパーソンたちは、本業のスキルを使ってNPOの活動を前に進めることで、自分の持つスキルや技術を活かして社会に直接的に貢献する実感を得ることができる。自分の仕事やスキルと「社会とのつながり」を感じることで、働くことに対するモチベーションや情熱を高めていくことができるのだ。

また、所属する会社とは違う環境で個人として活動することは、プロボノを行う人のスキルを本業とは違う形で伸ばすという効果もあるのだという。タップルート・ファウンデーションの行った調査によれば、プロボノの活動を行ったビジネスパーソンの実に89パーセントが、「自身のスキルとリーダーシップの向上に効果があった」と回答している。

実は僕自身もマッキンゼー在職中にタップルート・ファウンデーションを訪れてプロボノという概念に出会ったのだが、NPOにもビジネスパーソンにもプラスの効果をもたらす素晴らしい仕組みに大いに感銘を受けた。このときの気づきは、のちに留職プログラムを考案する際に大きなヒントとなった。

なお、プロボノの活動は日本でも急速な広がりを見せている。

NPO法人サービスグラントの代表である嵯峨生馬さんは、2005年からプロボノを広める活動を東京でスタートさせ、今やその活動は全国に広がっている。また、その他にも「ソーシャルベンチャー・パートナーズ東京」や「二枚目の名刺」などといったNPOも、ビジネスパーソンがプロボノとして「社会を変える現場」に関わる接点を提供している。関心がある人は、ぜひそれぞれの団体のウェブサイトにアクセスしてほしい。

第4章

想いを形にするために

起業前夜。クロスフィールズ船出に向けた葛藤と奮闘

この章では、これまで胸に秘めてきた想いをクロスフィールズという「社会を変える現場」の立ち上げという形にしていくストーリーを書いていく。仲間たちとともに想いを持って何か新しいことを始めることの持つエネルギーと高揚感を、シンプルに伝えることができればと思う。クロスフィールズの創業は、今振り返ってみても無謀なチャレンジだったと思う。会社や組織の中で何か新しい事業を立ち上げようとしている方々や、アイデアはあってもなかなか実行に移せずにいる方々にとって、僕たちの創業のプロセスとそこでの学びが何かしらの参考になれば幸いだ。

共同創業者・松島由佳との出会い

僕がクロスフィールズを立ち上げてここまでやれているのは、仲間の存在があったからだ。その中でも一番の仲間とは、間違いなく共同創業者として一緒に組織を立ち上げ、ここまで数々の大変なことをともに乗り越えてきた松島由佳だ。彼女の存在なくして、クロスフィールズという組織は今存在していなかったと断言できる。

では、そんな彼女と僕はどうやって出会ったのか。実はその出会いは就職活動の場だった。お互いに同じコンサルティング業界を目指していた松島と僕は、ある会社のグループ面接で同じ組になった。控え室で話をしていると、お互いに国際協力やＮＰＯの活動をしたことがあり、それがきっかけでコンサルティングの業界に就職を考えているということを知る。似た境遇であることでお互いに盛り上がり、僕らはまた会って話をしようということになった。

後日、僕は松島を誘って、渋谷の安い居酒屋で飲むことにした。

中高一貫の進学校を卒業して東京大学の経済学部に在学中の彼女は、生い立ちだけを見れば超エリートのお嬢様だ。ただ、話をしてみると、そんなエリート的な雰囲気はまったくまとっていない、笑顔が印象的な自然体の女性だった。そして、よくよく話を聞いてみると、彼女は僕以上にNPOの活動を愛している人物でもあった。

僕よりも3歳年下の松島がNPOの活動と出会ったのは、中学生のときだったという。出版社に勤めていた父親が友人に誘われて一緒にNPOを立ち上げ、カンボジアで病院を開院したのだ。松島は家族とともにカンボジアを訪れ、そこでNPOの活動現場を目にする。現地で彼女が驚いたのは、かわいそうなカンボジアの人たちの姿ではなく、むしろNPOの活動を通じて社会をよくしようと使命感に燃えて働く魅力的な大人たちの姿だった。

「自分も将来はこんな仕事をしたい」と、彼女は衝動的に思った。

ただ、帰国後にワクワクしながらその体験を友人に話すと、返ってきたのは「NPOって何？　なんだか怪しそう」というネガティブな言葉だった。

父親が使命感を持って働いていて、自分も大好きな活動についても周囲に理解してもらえず、松島はもどかしさと悔しさを覚える。そして、松島は「NPOの活動がもっと認められる社会になってほしい」という気持ちを持つようになる。

その後大学に入学した松島は、当時立ち上がったばかりの、カンボジアの児童買春の問題に取り組むNPO法人かものはしプロジェクトの活動に参画することになる。この活動で知ったのは、父親のNPOとはまた違う、ビジネスの力をフル活用した新しいNPOの活動のあり方だった。ビジネスの力を使って、想いと頭脳の両輪で経営するNPOの姿を見て、松島は「NPOの活動はビジネスの力でより加速する」と確信したのだ。

そして、かものはしプロジェクトにアドバイザーとして携わっていた凄腕の社会人が経営コンサルタントという職業だと知り、自然とコンサルティング会社への就職を目指すようになったのだという。

彼女と飲みながら、そんな話を一気に聞いた。自分の経験との共通点の多さや、問題意識の重なりに、僕は驚くばかりだった。

気づけば数時間話し込んでいて、かものはしプロジェクトというすごいＮＰＯをぜひ紹介してほしいと頼むと、なんとその事務所はすぐ近所にあるという。僕たちはその足で、２人でかものはしプロジェクトのオフィスへと向かった。そして、かものはしプロジェクトのメンバーの方々とも意気投合し、事務所で一緒に明け方まで飲むことになったのだった。

松島は薄情にも僕を置き去りにして終電で帰宅していたように記憶しているが、それでも僕は、松島との出会いを運命的なものだと感じていた。松島によれば、泥酔状態で僕は勝手に「将来、絶対に何かを一緒にやろう」という言葉を残していたらしい。

当時は、コンパスポイントの立ち上げに男４人で悪戦苦闘している真っ最中だった。コンパスポイントの第１回のセッションには２人の信頼できる友人を連れてくる約束になっていたことは、すでに書いたとおりだ。僕は迷わず、その１人として松島を誘った。

男４人で始めた熱苦しい活動に松島がどれだけ付き合ってくれるか、僕はすごく不安だった。ただ、ＢＣＧに入社して忙しく働くこととなっていた彼女も、僕と同じように当時の志を失いたくないという問題意識を持っていて、刺激を求めていた。松島もコンパスポイントのコミュニティに頻繁に出入りをしてくれるようになって、激務といわれるコンサルティング会社で働きながらも、コンパスポイントの集まりにはいつも顔を出してくれていた。僕らが暮らすシェアハウスにもよく来てくれて、さまざまな話をする仲間になっていった。

こうして、僕はコンパスポイントでの活動を通じて、後に共同創業者となる松島との親交を深めていったのだった。

そんな中、松島にとっても僕にとっても大きな経験となったプロジェクトが立ち上がる。

２００９年の春頃、コンパスポイントのゲスト講師として、認定ＮＰＯ法人TABLE FOR TWO Internationalの小暮真久さんをお招きした。TABLE FOR TWOとは、日本企業の社員食堂などでカロリーの低い特定のメニューを購入すると、1食につき20円が寄付されるという仕組みだ。先進国の人が低カロリー食で肥満の問題を解消するのと同時に、この20円が、開発途上国での給食1食分になるという、そんな画期的なモデルだ。

小暮さんのお話を聞き、イベントの後半では、コンパスポイントのメンバーとしてどんなサポートをできるかを話し合った。議論はいつになく盛り上がって、「社員食堂がない会社では、どういう形で寄付をすればいいのか」という問題意識から、「だったら、寄付つきの弁当箱を作って何かやったらいいんじゃないか」という話に発展していった。そのアイデアには小暮さんも乗り気になり、「それ、おもしろいから誰かやってよ」と僕らを焚き付けた。

こうして、コンパスポイントのメンバーでTABLE FOR TWOの弁当箱を作るというプロジェクトが立ち上がることになった。中心メンバーを募り、集まったのは6人ほど。そのリーダーとして手を挙げてくれたのが、松島だった。

忙しい社会人たちで構成されるコンパスポイントのメンバーたちにとって、長期間のプロジェクトをやり切ることは簡単ではなかったはずだ。でもこのチームは、1年間くらいかけ、企画立案からはじめ、製品開発や販売先の開拓を行い、最後にはロフトでお弁当箱を販売するところまでやってのけた。

このプロジェクトを通じて、松島や僕を含めたメンバーたちはさまざまなことを学んだ。プロジェクトマネジメントや資料作成の技術などをはじめとした、自分たちが仕事を通じて会社で身につけているビジネススキルが、仕事を離れても誰かの役に立つということ。また、そうして自分の仕事が社会のために役立つという実感は、本業の仕事に対するモチベーションも大いに高めるということ。ＮＰＯの活動を応援するという「社会とのつながり」が、本人にとっても、会社にとっても、ポジティブに跳ね返ってくるということ。

そんなことを、メンバーたちは身をもって感じた。このプロジェクトをリーダーとして引っ張ってきた松島にとっても、そうした社会人の活動をサポートするコンパスポイントを主宰していた僕にとっても、このような動きをさらに加速させたいと思える共通の原体験となった。

理想の働き方を実現するには？ クロスフィールズの創業へ

このTABLE FOR TWOの弁当箱プロジェクトが終わる頃というのは、コンパスポイントの活動を始めて3年目くらいだった。その頃、僕は新たな問題意識を抱くようになっていた。

コンパスポイントに集まる仲間たちは、土日の時間を使っていろいろなことを熱く語ったりして、自分たちの情熱を保つことが出来ているように思えた。ただ、徐々にこんな声もよく聞かれるようになっていった。

「でもやっぱり、上司とか同期とかとこういう話をすると引かれちゃう気がして、怖いんだよねぇ。やっぱりコンパスポイントの場でしか、熱い話はできないなぁ」

「コンパスポイントに来てるときは熱くなれるけど、その熱が会社ではなかなか発揮できなくて……。やっぱり、会社で働くときには、こういう想いにはフタをして働くしかないんだと思う」

僕の周りに集まっている仲間たちも、会社の中では熱を失ってしまっていたのだ。

コンパスポイントの活動での熱量は、会社の中にはまったく伝わっていないという事実に、僕は愕然とした。本来は、こうした熱量こそが会社の活力につながるものだし、本業の中でこそ想いを持って、やりがいを感じながら働くべきはずなのに……。

コンパスポイントでの週末の活動は、「自分」と「社会」とはつなぐことができていたが、会社での「仕事」をつなぐことができていなかったのだ。

僕はシリアから帰国した飲み会のときに感じたのと同じような義憤と、やるせなさとを感じていた。そして同時に、コンパスポイントの活動だけを続けていてもダメだと、この活動に限界を感じるようにもなっていった。


時を同じくして、松島も悩みながら新しい動きを模索していた。

「ＮＰＯとビジネスがつながる機会を、もっと増やすにはどうすればいいのか」

「会社で働く人もＮＰＯで働く人も、同じように熱い想いを持って働けるような世界はどう実現できるだろうか」

そんな問題意識について、松島や僕も含めたコンパスポイントのメンバーたちで集まって具体的に話し合うようになっていた。僕たちはあるべき世界の姿について語り合い、徐々にではあるが、今クロスフィールズの活動が目指している世界の姿が、話し合いの中で輪郭を持つようになっていった。

企業の世界にはたくさんのリソースがあるものの、働く人たちが想いを強めたり保ったりするのは難しい環境がある。むしろ、そうした想いを消し去るような仕掛けがあるようにすら感じる。その一方で、NPOの側には想いや情熱はあるものの、ヒト・モノ・カネなどのあらゆるリソースが圧倒的に不足している。

こうした情熱とリソースの不均衡が、社会貢献の世界とビジネスの世界の間には存在しているということが、概念としてわかり始めてきた。そして、その不均衡をなくすために、もっとそれぞれのセクターを人材が行き来するような流れを新たに作り出すことができないものだろうか。

僕たちは、とにかく議論を続け、思考を深めていった。

ちょうどそんな話し合いをしていた2010年の秋頃だった。社会起業家の創業支援を行うNPO法人ETIC.という組織が、新しく創業支援のプログラムを始めるという話を耳にする。社会の課題を解決する優れた事業プランに対し、最大500万円程度の助成金が提供されるという、なんとも魅力的な話だった。

さっそく松島がこの助成金プログラムの説明会に参加してきた。そして、「もしかしたらいけるかもしれない」という彼女の直感とともに、興奮しながら帰ってきたのだった。これにより、僕たちの話し合いはさらに熱を帯び始めた。話し合いは、土日だけでなく平日の深夜にも行われるようになっていった。

ただ一方で、まだ誰がこの事業に責任を持ってコミットするかという話はしていなかった。当然ながら、この助成金プログラムに応募するということは、それが通ったら、この事業を誰かが動かすことになるということを意味していた。この動きを引っ張っていた松島の意思は固そうに見えたが、他のメンバーの意思がどこまでのものか、僕にもわからなかった。

僕自身も、この時点ではまだ悩んでいた。

コンパスポイントの仲間たちの間で、このような形で事業立ち上げに向けた熱が高まっている。このタイミングで起業をすれば、厚い信頼を寄せている松島由佳という人間とともに、志を同じくして走っていくことができる。お互いに力を合わせていけば、すごいことができるんじゃないか。そんなことを、僕は本気で考え始めた。

２０１０年暮れ、28歳の僕は、大きな人生の転機を迎えていた。

転職？ 起業？ 迷いに迷った意思決定

マッキンゼーでの修業期間は3年間と決めていた。

友人に託した辞表の期日は、2011年の3月。2010年の暮れ頃になると、僕は、そろそろ何かの行動に出るときだと考えていた。ただ、その時点で考えていた次の進路とは、実は起業ではなく「転職」だった。

マッキンゼーで3年間の修業を積んでみて、コンサルタントとしての力はある程度ついたものの、自分で何かの事業を始めるだけの力があるとは思っていなかった。それであれば、ベンチャー企業などに転職して、そこで自分で責任を持って事業を進めたり組織をマネジメントしたりといった経験を積んだほうがいいのではないか。そんなことを考えて、僕は転職活動を始めていたのだ。

いくつか面接を受けていると、ふと魅力的な話が舞い込んできた。

マッキンゼーでお世話になった尊敬する先輩が大型の出資を受けて会社を立ち上げるので、そこの副社長をやってほしいというオファーだった。僕はこのオファーを受ける方向で調整に入った。会社にも退職する意向を伝え、前年に結婚していた妻にも、このオファーを受けるという前提で転職を応援してもらっていた。

松島とともに事業立ち上げをする話が本格化したのは、そんなタイミングだったのだ。

松島とともに起業をするという選択肢を取るのか、それとも、今のタイミングは見送って、まずはベンチャー企業の副社長のオファーを受けて力を蓄えるべきか。僕は大いに悩むこととなった。

副社長のオファーについては、２０１１年の1月末までに返事が欲しいと言われていた。約1カ月間、僕は多くの友人と先輩方に相談に乗ってもらいながら、悩みに悩んだ。

当初、多くの人が副社長として転職すべきであると言ってくれた。起業のほうは事業モデルも十分に固まっておらず、かつ、そのモデルは20代の若造が実行するにはハードルが高すぎると言われた。まずは修業しながら事業モデルを磨き上げるのが妥当だろうと。僕自身も「やはりそうだな」と思い、徐々に気持ちは転職に傾いていった。

ところが、だ。

転職のオファー期限が来る直前の2日間、僕は学生時代にお世話になった尊敬する2人の方に時間をいただいて進路相談に乗ってもらった。すると、その2人から立て続けにこんな言葉をかけられた。

「おまえの事業コンセプトはすごくいい。今のタイミングは絶好のタイミングだとも思う。今起業するのもありなんじゃないか」

「そもそも起業の話をしているときのほうが、おまえはいい顔をしているぞ」

オファー期限の前日、家への帰り道を歩きながら、僕はひどく心が動揺するのを感じた。でも、しばらくして動揺が収まると、今度はなぜだかとても、嬉しくて幸せな気持ちになった。

そして、僕は心を決めた。

僕が家に着いたのは、深夜0時を回ってからだったと思う。そして、ベッドで寝ている妻に向かって、おもむろに言った。

「話があるんだ。……転職するって話、してたよね」

眠りを妨げられ、ちょっと不機嫌そうに目をこすりながら妻が答える。

「うん、覚えてるよ。明日がオファーの期限なんだから、ちゃんと返事しなさいよ」

そんな妻に対して、僕は意を決して言った。

「あの話、断ろうと思うんだ。やっぱり、起業しようと思う」

顔色を変えた妻はベッドから起き上がり、こう言った。

「ちょっとリビングで話し合いましょう」

突如始まった夫婦での緊急会議は、夜通し行われた。そして、妻の主張は、僕のそれに比べて圧倒的に正しいものだった。

僕がたった2人の人のアドバイスにほだされて勢いだけでものを言っていること。事業モデルが固まっておらず収入が得られるかが不明確なこと。僕自身に経営者としてのスキルや経験が備わっていないこと。そして何よりも、理念に共感して応援してくれる人はいても、実際にコミットしている人がまだ現れていないこと。そもそも、僕は自分の考えを応援してくれそうな人としか話をしていないということ。

金融が専門のバリバリのビジネスパーソンである妻は、きわめて正確に僕の意思決定に伴うリスクと甘さを次々と指摘した。それに対し、僕のほうは理論ではなく、勢いと想いだけで主張を繰り返した。

夫婦間の緊急会議は朝を迎えても決着がつかず、妻は会社に電話をかけて「午前休を取ります」と告げた。そして再開された会議は、そのまま朝11時くらいまで続いた。いよいよ妻が会社に行かなければならない時間になり、妻は次のような条件付きで、転職のオファーを断ることを認めてくれた。

「有給期間中に、この事業を一緒に進めたいと言ってくれる企業の人を、あなたのことを知らない人から見つけること。それから、私を納得させる収支計画を作ること。それができなければきっぱりあきらめて、もう一度転職活動をすること」

マッキンゼーの最終出社日は3月11日と決まっていて、有給期間はそれまでだった。

妻からの鬼気迫る宿題をもらって、約40日間の怒濤《どとう》の日々が始まった。

企業からのダメ出しで磨き上げられたビジネスプラン

妻と起業についての会議を終えたその日の夜、プロジェクトを検討していたコンパスポイントのメンバーたちに集まってもらって、僕の進路についての決断を伝えた。

僕が会社を辞めること。魅力的だと思っていたオファーを断って、本気でこの事業が成り立つかどうかを確かめるために時間をフルで使うこと。

その上で、僕はみんなの顔を一人ひとり見ながら、みんなに聞いた。この事業にフルコミットするだけの覚悟があるのか、それとも、それを応援するという立場で関わることにするのか。

この先を一緒に進んでいくなら、そのどちらかのスタンスを取ってほしいと。

覚悟があると答えたのは、松島だけだった。

ほかのメンバーは、応援するという立場を取ることになった。

その瞬間、松島と僕の2人で起業するという〝方向性〟が決まった。

もちろん、僕が3月11日までに手応えを感じることができれば、の話だったが……。

その次の日から、僕は死に物狂いで営業活動を始めた。

有給休暇の消化期間だったため、それこそ寝ている間以外の100%の時間を、この活動のために使った。

当時の事業モデルは、企業の社員が国内のＮＰＯに出向して活動するという「青年国内協力隊」と呼んでいたモデルだった。その仲介料を企業からもらうことを収入源とするモデルだったので、僕がやるべきことは、とにかく企業の人事部と話をして、このモデルを導入したいという企業を見つけてくることだった。

高校・大学の友人やコンパスポイントのメンバーの伝手を使って、とにかくいろいろな会社にアポイントを取りまくって、興味を持ってくれそうな会社を探した。

それと同時に、ビジネスプランのブラッシュアップも続けた。松島はまだ会社で働いていたので、彼女の仕事が終わった夜の時間帯や土日に打ち合わせをして、企業側のフィードバックをもとに、事業モデルや提案資料に磨きをかけていった。

ただ、この時期の企業からのフィードバックは本当にヒドいものだった。基本的には友人の伝手をたどっているので最初は先方も好意的な反応なのだが、あまりにも僕の説明が要領を得ないものだったため、後半にはイライラさせてしまうことが多かった。

「きみのやりたいことはわかったけど、こちらのメリットがまったくない。自分目線過ぎる」

「そもそも言っていることが意味不明で、ぜんぜん理解できないんだけど」

そんな形で言われ続け、話を聞いてくださっている企業の方々からこっぴどく叱られた。一番ひどいケースでは、打ち合わせの途中で「時間のムダなので、頼むから帰ってほしい」とストレートに言われたこともある。あれはさすがにこたえたのを覚えている。

ただ、こうして厳しい言葉を投げかけられる中で、僕たちの事業モデルは着実にブラッシュアップされていった。当初は自分たちの想いだけしか入っていない、意味不明で身勝手極まりない提案内容だった。それが、徐々にではあるが、導入する会社側の視点やメリットも組み込まれたものに進化していった。

そんな暗闇の中の試行錯誤を続けるような日々の中で、僕たちの事業モデルは一つの転換点を迎える。きっかけになったのは、ある企業の人事担当の方の言葉だ。

「国内のＮＰＯへの出向というだけでは正直メリットは感じないですが、今は『グローバル人材』というキーワードがすごく注目されていますからね。海外への派遣だったら、検討の余地はあるかもしれないです」

２０１１年当時、日本のビジネス界では「グローバル人材」という言葉がまさに流行語となっていて、新聞などでもこの言葉を見ない日はない程の勢いだった。この「グローバル人材の育成」という文脈に自分たちのモデルをひもづけることができれば、もしかしたら勝機があるかもしれない。

派遣先が国内から海外になったとしても、自分たちがやりたいことがブレるわけではない。

それであれば、「グローバル人材の育成」という文脈に合わせる形で、この事業を展開していこうではないか。僕は松島と話し合い、派遣先を国内から海外、特にアジアの新興国に定めるという方針を決めた。

38日目に訪れた、歓喜と船出の瞬間

営業活動の中で少しずつ手応えはつかみ始めていたものの、それでも明るい兆しはまったく見えていなかった。僕が欲しかったのは、企業からの「具体的に検討したい」という明確な意思表示だったが、そうした言葉が聞こえてくる兆候はまったく感じられなかった。

40日間のタイムリミットは迫り、毎晩打ち合わせをする松島の顔も、状況を報告するたびに曇っていった。もちろんあきらめてはいなかったものの、このままでは起業は難しいのではという不安と焦りに、押しつぶされそうになっていた。

そして迎えた、忘れもしない２０１１年3月9日水曜日。

約束だった40日間の38日目。

僕はある大手電機メーカーを訪ねた。この企業が導入すると言ってくれたら大ニュースになるというような、有名一流企業。僕としても、この企業が動けばと思っていた大本命の企業だった。僕は渾身の力を込め、冷や汗を垂らしながら、一世一代のプレゼンを行った。

そして、約1時間の面談が終わると、担当の方がこう言った。

「このプログラムは非常に意義深いと僕は思いました。導入を真剣に考えたいと思うので、ぜひ引き続き検討を続けさせてください。次は責任者も入れて打ち合わせをしたいので、次のミーティングの日付を決めさせてもらってもいいですか」

その後にどんな会話をしたのかは、気が動転していたのであまり覚えていない。

これまでに次のミーティングの機会を設定してもらえたことはなかったし、「導入」や「責任者と打ち合わせ」という単語を耳にしたのも、そのときが初めてだった。

会議室を出て、担当者にお辞儀をして、ビルを出た。

なぜだかわからないけれど、僕は気がついたらスーツ姿で、オフィス街の歩道を全力疾走していた。目からも何か熱いものが溢れ出して、それが自分の頬を伝って垂れていた。

そして、全力で走りながら、息が切れてわけがわからなくなっている状態で松島に電話をかけた。そして、叫んだ。

「やったぞ！　俺ら、起業できるぞー！！！」

電話口からも、（おそらく会社の会議室だろうところで）松島が絶叫する声が聞こえた。

涙がとめどなく溢れ出して、止まらなかった。

column

クロスフィールズを株式会社ではなくNPO法人にした理由

本書では、これまで「NPO」という言葉を何度も使ってきたが、ここで改めてそもそもNPO法人とは何かを説明しておきたい。

NPO法人とは「特定非営利活動法人」の通称であり、その名の通り非営利の活動を行うための法人格だ。

非営利活動という名前から「NPOはボランティアだからお金を稼いだり利益を出したりしてはダメ」と誤解されることが多いが、正しくは「利益を出資者に分配してはいけない」というルールがあるだけだ。生まれた利益を職員の給与を含むさらなる事業投資に回すことはなんら問題ない。

この点、「非営利」をNonprofitと訳すのではなくNot-For-Profitと考えると理解しやすいかもしれない。NPOは社会的使命のために存在しているのであり、利益追求のために存在しているわけではないが、活動を継続するためには当然利益を出していく必要があるのだ。

クロスフィールズの場合、企業から事業収入を得るというビジネスモデルを当初から想定していたこともあり、株式会社で起業するかNPO法人で起業するかは、実は非常に悩んだポイントだった。

最終的にはNPO法人で起業したのだが、その理由を3つの点から説明してみたい。

1つ目の理由は、事業の進めやすさだ。留職では、途上国のNPOに日本企業の人材を受け入れてもらっているわけだが、もし株式会社として現地団体に関わると「企業の御用聞きで来ている」と誤解される可能性があった。そうではなく、途上国の団体に寄り添うという自分たちのポリシーを示し、「みなさんに貢献しつつ、日本企業の考え方を一緒に変えていきたい」と伝えたかった。こうした信頼関係を現地の団体と築くには、NPO法人という法人格のほうがスムーズだと考えたのだ。

2つ目の理由は、共感と応援の得やすさだ。20代の若造2人が創業した組織が、大企業を相手にして「貴社の優秀な人材を発展途上国に派遣させてください」という壮大な話を説得しにいくわけだ。どう考えても、ハードルが高い。そんなときに大きな後押しになるのが、実績や信頼のある方に応援されているというブランディングだ。

実はクロスフィールズは創業初期から著名な方々にアドバイザーとしてご支援いただいているのだが、こうした方々に協力をお願いするときに大きな武器となったのが、NPO法人の持つ共感と応援の得やすさだった。NPO法人で起業をするということは、その先に事業売却やIPO（株式公開）がない。つまりは創業者に対して経済的なメリットは一切ないことを意味している。「僕はお金のためにこの事業をやるんじゃないんです。本当にこの事業で社会を変えようと思っているんです」と、そんなことを迫力を持って伝える旗印となるのだ。その姿勢が「だったら応援してやるか」という共感や応援につながっていったのだ。

最後の理由として、共同創業者の松島も僕も、日本のNPO業界をもっと成長させていきたいという想いを強く持っていたことが大きい。

ますます複雑な社会課題が増える日本社会において、NPOに期待される役割はこれからいっそう高まっていく。だが、にもかかわらず日本におけるNPOの業界はあらゆる意味で脆弱で、一般的には働く場所としてすら認知されていないのが現状だ。そんなNPOの業界を盛り上げていくためにも、自分たちがNPO法人として活躍していくことで、この業界に一石を投じたいと考えた。ある種、自分たちが先陣を切ってこの業界をリードしていく存在になりたい。生意気ではあるが、僕たちはそんなことを本気で考えて、誇りを持ってNPO法人を選択したのだ。

第5章

「垂直の壁」をよじ登る

3月11日の退職、そして起業。100戦全敗からの奇跡

第5章では、「社会を変える現場」の持つエネルギーを、クロスフィールズの創業直後のストーリーを通して伝えていきたい。創業した直後は、本当に苦難の連続だった。それでも数々の困難を乗り越えて前に進んでいくことができたのは、僕たちの掲げた「大義」の力だったと思う。自分たちがどうしても成し遂げたい大義を明確にしていき、その大義のもとに支援者を巻き込みながら、頭と身体のすべてを使って試行錯誤と行動とを積み重ねていったのが、僕たちの創業期の活動だった。僕たちが「垂直の壁」と呼んでいた高いハードルの数々を、どのようにしてよじ登っていったのかをお伝えできたらと思う。

2011年3月11日。退職日に起こった大震災

3月9日に大手電機メーカーの方からもらった言葉を、僕は改良に改良を重ねたビジネスプランとともに妻に伝えた。妻も最終的には納得してくれて、「よくがんばったね。応援するよ」と力強く背中を押してくれた。

これで僕は、いよいよ起業家としての道を歩むことになった。

まさに大きな海原に漕ぎ出そうという、そんな船出前の冒険家の気分だった。

2011年3月11日は、マッキンゼーの最終出社日だった。

午前中は、広報・ブランディングの観点でアドバイスをもらっていた岡本佳美さん（現・クロスフィールズ役員）に相談に乗ってもらい、プログラムの名前を「留職」にしようということを決めた。

「留職」というネーミングは留学をもじったもので、「留」まって「学」ぶのではなく「留」まって「職」務（ミッション）を達成するということと、現「職」に「留」まりながらの挑戦であるという2つの意味を込めた。

プログラムの名前も決まった。

「いざ船出！」

そんな気持ちとともに、最後の挨拶と送別会のために僕は午後からオフィスを訪れた。そして、退職の挨拶メールを気持ちを込めて書き終え、送信ボタンを押して全社宛に送ろうとした。

グラグラと大きな揺れが来たのは、そんなときだった。

経験したことのない揺れに、僕は本能的に机の下に隠れた。オフィス内は騒然として、ほどなく全社員がビルの外に避難することとなった。当然のように予定されていた僕の送別会はすべてキャンセルとなり、僕は「こんな大変なときにすみません」という言葉を書き加えて退職の挨拶メールを送信した。ねぎらいの言葉やお花の代わりに、総務のスタッフの方に防災用ヘルメットを手渡されて、僕は3年間働いたオフィスを後にした。地下鉄もすべて運休になっていたので、トボトボと、2時間くらいかけて家路を徒歩でたどった。

正直なところ、そのときはどれだけ大変な被害が発生しているのかわかっていなかった。ただただ失意の中で、「なかなか強烈な船出だな。それにしても、最終日なのに送別会もなくなって、ほんとついてないな」くらいのことを思っていたのを覚えている。

翌朝起きてテレビを見て、日本に未曽有の大震災が起きたのだということを理解した。

週明けから僕は意気揚々と営業活動に精を出すはずだったが、週明けのアポイントはすべてキャンセルになるだろうと、瞬時に悟った。

案の定、週が明けてみるとアポイント辞退のメールが大量に入り、予定されていた打ち合わせはすべて中止になった。おそらく日本中の人事部の担当者の方々にとって、非常事態宣言が出ているような大変な状況だったのだと思う。自粛ムードや計画停電といった言葉が世の中に躍っている中で、創業間もないＮＰＯの話を悠長に聞いている場合ではないということは、僕にだって理解できた。

３日前に前向きな反応を見せてくれた企業とも、完全に連絡が途絶えてしまった。航海に乗り出すこともできずに、僕は荒れ狂う海を前にして為す術がなくなった。なんという船出。いったい数日前に全力疾走したときの喜びは、どこにいってしまったのだろうか。

僕はただただ呆然とするしかなかった。

つまり、事業開始に向けた予定は、すべて白紙に戻ったようなものだった。

震災支援の活動で得た「志事」の感覚

そんな僕のもとに、企業の人事部ではないところから、大量の連絡が入る。

連絡は、震災支援の活動をしているNPOで働く知人たちからだった。

当時、震災支援の活動でどのNPOもてんやわんやで、まさに猫の手も借りたい状態だった。

そんなところに、ほぼ無職になって何もやることがない、働き盛りの若手がいたものだから、当然のように引っ張りだこになるわけだ。

日本がこんなタイミングに、幸か不幸か、時間を持て余している。これもきっと何かの運命なのだろう。僕は腹をくくった。

僕は緊急時の災害支援を専門とする、公益社団法人シビックフォースという団体で働くことを決めた。南三陸や気仙沼に向けて緊急支援物資を届ける事業の責任者として、東京と被災地を行き来しながら、2カ月間にわたって、まさに不眠不休の活動を行うことになった。

余談ではあるが、この2カ月間というのも、僕がまさに「志事」をするという感覚を強く持ちながら働く原体験とも呼べるようなものだった。

僕の役目は、たくさんの方々から集まった寄付を使って、被災地が必要とする支援物資を効率的かつタイムリーに届けるということだった。支援するための物資も不足していて、支援経路も寸断されている。そんな課題だらけの状況をどう解決できるかを、自分の持てる力と知識をすべて使って必死に考えた。

僕は物資の運搬方法をマッキンゼー仕込みのフローチャートで整理し、課題を分析していった。その分析結果をもとに専門家とも協議した結果、埼玉県に巨大な倉庫を借りて支援物資を集約し、4トントラックを10台チャーターして毎日東北までピストン輸送をするという、壮大な計画が立ち上がった。

そして、その計画は即座に実行に移された。

今度はエクセルを駆使して現地でのニーズと支援物資とをマッチングし、膨大な量の情報を抜け漏れなく管理するための仕組みをゼロから立ち上げた。そして、ボランティアも含めて10人くらいのチームをマネジメントしながら、死に物狂いで物資を被災地へと送り届けていった。

この間は、数時間しか眠れないような日々が続いて、毎晩クタクタに疲れ果てて家に帰っていた。それでも少しだけテレビをつけると、そこには食事がなくてお腹を空かせて泣いている被災地の子供の姿が映し出されていた。そんな映像を見るたびに奮起した。

物資支援の担当者である自分ががんばればがんばるだけ、こうした子供の笑顔を作れるということを、身をもって感じることができたからだ。

いや、もしかすると、「自分が1分でも長く仕事をすれば、それだけ被災地の人が助かるのに」という、切迫感に近い使命感を感じていたかもしれない。いずれにせよ、僕は自分の仕事と社会のつながりを痛いほどに感じながら、マッキンゼーのとき以上に必死になって働いていた。

結果的に、僕たちのNPOは震災直後の約2カ月間で4トントラックにして95台分に相当する、約380トンの食料と衣料を被災地に届けた。誰か必要としている人のことを強烈に感じながら、自分の仕事の価値をひしひしと感じながら仕事をするという状態が、働く人のモチベーションを極限まで高めていく。短い期間ではあったが、そのことを改めて体感した経験だった。

「顧客の声を聞くことと、顧客のニーズに迎合することは違う」

そんな怒濤の日々が過ぎ去り、被災地に緊急支援物資の輸送が必要という急性期の段階は、5月のゴールデンウィークが始まる前にはある程度の収束を迎えていた。企業の側にも少しずつ落ち着きが戻ってきたことを感じ、僕はこのタイミングで緊急支援のNPOの活動を離れ、事業立ち上げに専念することを決めた。松島もいよいよ会社を退職し、僕たち2人は正式に船出をすることになった。

まだまだ自粛ムードが漂う東京の小さな会議室で、僕たちは静かに新しい冒険に向けたチームの旗揚げをした。

2011年5月3日、この日がクロスフィールズ創業の日となった。

創業してすぐに取り組んだのは、大きく2つのことだった。

1つは当然ながら、企業への営業活動だ。震災前にやっていたような怒濤の営業活動を、もう一度再開したというわけだ。

そしてもう1つ注力したのが、自分たちの事業におけるビジョンとミッションとを定めていく活動だった。僕たちはNPO法人ETIC.が運営する「社会起業塾」という社会起業家のための創業支援プログラムに参加して、この活動を進めていった。

僕たちが社会起業塾で学んだことは数しれない。特に印象に残っているのは、「日本の社会起業家の父」とも呼ばれ、数々の起業家を育ててきたETIC.代表理事である宮城治男さんからいただいた言葉だ。

宮城さんに初めてお会いしたのは、僕がとにかく営業活動に気合いを入れている時期だった。さまざまな人脈とネットワークをお持ちであろう宮城さんを前にして、「とにかく企業を紹介してください」とお願いしたのを覚えている。すると、仙人のような風貌の宮城さんは、メガネの奥から鋭い目で僕を見つめながら、落ち着いた声でこう言った。

「まあ、待ちなさい。今のきみが企業と会っても、幸せな起業家には決してなれないよ」

そんな哲学めいた言葉とともに、宮城さんは僕の依頼を一蹴した。

血眼になって営業活動に取り組んでいた僕は、「そんな悠長なこと言ってないで、早く企業くらい紹介してくれよ」などということを、生意気にも思ったのを覚えている。

僕は結局宮城さんの言葉を真剣には受け取らず、企業訪問の活動をひたすら続けた。ただただ受注を目指して、企業からのフィードバックをもとに事業のコンセプトやサービスに「改良」を加えていったのだ。

ところが、企業側のニーズは会社によって異なったり、時期によって変化したりする。さまざまな声に合わせて提案内容に「改良」を加えるうちに、事業のコンセプトは徐々に不明確になっていった。

気づけば、僕たちの提案している事業は、普通の研修会社や人事コンサルティング会社が提供しているサービスと区別がつかないようなものになってしまっていた。自分たちが本当にやりたいことが何なのかを見失っていって、文字どおり、僕たちは迷子になってしまったのだ。

そんなタイミングで再び社会起業塾の研修があり、僕は宮城さんに助けを求めて泣きつくことになった。そこで言われたのが、今も胸に留めている金言だ。

「小沼くん、顧客の声を聞くということと、顧客のニーズに迎合することは違うんだよ」

宮城さんが言っていることは、あまりにも本質的であり、正しかった。

自分たちが成し遂げたいというビジョンが不明確なうちに顧客の声を聞いても、拠り所になる軸がないので事業やサービスは簡単にブレてしまうだけだ。

単純に顧客が満足するサービスを作って事業を大きくしたいのであれば、それでいいのかもしれない。ただ、それでは単なる企業の御用聞きや下請けのようなもので、何のためにわざわざ新しい事業を立ち上げたのかがわからなくなってしまうというものだ。

もちろん、顧客の声を聞くことはすべてのビジネスの基本だ。特に「社会を変える現場」の仕事は、自分以外の誰かのための事業であることが基本なので、顧客の声を捉えることの重要性は非常に高い。

だが一方で、顧客のニーズに振り回されて、成し遂げたいビジョンを見失ってしまったら、せっかく起業した意義がなくなってしまう。それが、宮城さんが僕に最初から諭してくれていたことだった。

「ではいったい、どうすればいいんですか?」

あまりにも稚拙なそんな僕の問いかけに、宮城仙人は静かな笑みを浮かべながら続けた。

大切なのは、「自分たちは、なんとしてもこんな世界を創りたい」「この課題だけは絶対に見過ごせない」という想いを磨き上げて、「あるべき世界の姿(ビジョン)」を具体的にしていくこと。その上で、そんな世界を創るために「自分たちが果たすべき使命(ミッション)」が何なのかをとにかく考え抜く。

誰もが掲げるような借り物の社会的正義ではなく、このためになら自分は一生をかけられるという、自分たちだけの「大義」を明確に持つことが、「社会を変える現場」では何よりも重要なのだ。

そんな自分たちだけの明確でブレない大義が出来上がれば、誰かが必ず事業や活動に共鳴してくれるようになる。大義というのは、磁石のようなもので、周囲から「自分も巻き込まれたい」という応援者を惹き付けていくものだ。

そして、大義という軸をどっしりと構えた状態で顧客の声を聞き、自分たちの事業や活動を顧客のニーズに合わせていく。そんな作業ができるようになっていくと、事業が一気に立ち上がっていく。

「だから、まずはがんばって、きみたちの大義を磨き上げなさい」

僕が宮城さんから受けた、ありがたすぎる訓示だった。あのときの宮城さんの優しい眼差しは、あれから5年近くが経つ今でも、はっきりと覚えている。

どんな言葉であれば、人の心を動かすことができるのか

宮城さんからの訓示を受け、僕たちは自分たちの「大義」を明確にするべく、ビジョンとミ

ッションの言葉を磨き上げることに、とにかく時間を使った。

やはりプロの力を借りるしかないと、震災の日に「留職」という名前を一緒に考えてくださった岡本佳美さんに、再び教えを請うことにした。岡本さんは生まれたばかりのお子さんがいるので外出は難しいとのことだったが、「ならば」と厚かましくも松島と2人でご自宅に押しかけ、岡本家のリビングで議論をさせていただいた。

「あなたたちはハタラクという言葉をどう定義しているの?」

「NPOで働く人を増やしたいの? それとも企業で働く人に変わってほしいの?」

「そもそも、2人はどんな人を創りたいの? どんな未来が来てほしいと思ってるわけ?」

乳児をあやしながらとはとても思えない、そんな鋭い岡本さんの質問を投げかけられながら、僕たちは文言を書いては修正し、書いては修正し、という作業を繰り返した。結果的には、僕たちは迷惑も顧みず、岡本家のリビングで数日間にわたって数十時間を過ごさせていただいた。ただ、その甲斐あって、岡本さんとの対話を通じて、徐々にではあるが、僕たちが目指すべき世界のイメージが浮かび上がってきた。

岡本さんとの議論と並行して、僕たちはそうした言葉を周囲に発信する作業も行った。コンパスポイントの友人たちと話をしてフィードバックをもらったり、講演のような機会で話をしてみたりして、その反応を見ながら、どんな言葉が聞く人に刺さるのかを探っていった。

自分が特にこの人には共感してほしいと思える人には、深く理解してもらえるまで、とにかく何度も何度も時間をもらって話をするようにした。企業を訪問する際にも、留職という事業の小手先のメリットというよりは、なぜこの事業を行っているのか、どんな世界を創りたいのかを話すようにしていった。どんな言葉であれば、人の心を動かすことができるのか。また、自分としても魂を込めて話すことができるのか。周囲の反応を見ながら、研究に研究を重ねていった。

こうした対内的な対話と、外部への発信とフィードバックという2つのプロセスを同時並行で繰り返していくことで、自分たちの「大義」が、次第に言葉として磨かれていった。

最終的なビジョンとミッションが定まったのは、創業してから半年以上が過ぎた頃だった。いよいよ文言の最終化をしようという日には、松島とともに小春日和の日比谷公園を散歩しながら、それぞれの志について改めて語り合った。そして、僕たちはルーズリーフの切れ端に、太めのペンで、ビジョンとミッションのそれぞれを丁寧に書いた。

Our Vision:

・すべての人が「働くこと」を通じて、想い・情熱を実現している世界

・企業・行政・NPOがパートナーとなり、社会の課題を次々と解決している世界

このビジョンに込めたのは、2つの世界観だ。

1つ目の世界観に込めたのは、一人でも多くの人が、仕事を「志事」だと捉えながら、目を輝かせて働いている世界を創りたいという想いだ。

企業であれ、NPOであれ、働く場所は問わず、また、どんな仕事をしているかも関係なく、「自分」と「仕事」と「社会」とのつながりを感じながら働いている人に溢れている世界。

青臭い情熱や夢を語りながら仕事で挑戦をする人がたくさんいて、また、そうした人たちが周囲から応援されることで、会社や組織の中に活力が生まれていく。次第に社会も元気になっていき、「働くこと」が社会の中でカッコいいことであると認識されていて、子供たちも「働くこと」に対して夢と憧れを持っている。そんな世界が、1つ目の世界観だ。

2つ目は、企業・行政・NPOという3つのセクターが、それぞれの強みを活かしながら社会の課題に対して前向きに取り組み、次々と社会の課題を解決しているという世界観だ。

どのセクターで働いている人たちも、社会の課題をなんとかしようとする姿勢を持ち、誰かのためを思って、社会を少しでもよくしていくことに責任を持っている。社会課題の解決を専門とするNPOは、多くのリソースを持つ企業や行政とともに活動することで、より力を持って課題解決を推進できている。その結果として、さまざまな社会課題に対する解決策が次々と生まれているという世界。

僕たちは、この2つの世界観を、コインの裏表のようなものだと捉えた。働く人が想い・情熱を持つことができれば、社会課題の解決は進んでいく。そして、どのセクターも社会課題の解消を目指すようになれば、働くことで想い・情熱を実現できる人たちが増えていく。そんな前向きな連鎖が起きている世界を、僕たちはなんとしても創っていきたい。

そんな僕たちの強い想いを、ビジョンの言葉に凝縮した。

Our Mission：

・社会の未来と組織の未来を切り拓くリーダーを創ること

2つの世界観からなるビジョンを実現するために僕たちが果たすべき使命は、このように定めた。

「社会の未来を切り拓く」というのは、社会をよくしていくこと、社会を変えていくことを意味する。そして、「組織の未来を切り拓く」というのは、企業であれば事業を育てていくことや利益を上げることを意味している。

「社会貢献」と「利益追求」とも捉えられるこの2つの概念は、残念ながら多くの仕事においては切り離されて考えられていることが多い。だが、そもそも多くの日本企業において、この2つはかつて同一のものだった。つまり、社会をよくするために事業を創ってきたのであり、事業を行うことによって社会をよくしてきたというのが、日本企業の原点だったはずだ。

今この時代にこそ、改めて、その２つの「未来」を同時に切り拓いていくという企業活動の原点の姿勢が求められている。そう強く信じて、２つの未来を切り拓くリーダーを創っていくことを、僕たちの団体の使命として定めたのだ。


同時に、僕たちは団体名を「クロスフィールズ」とすることも決めた。

ビジョンとミッションとを果たしていくために、領域（Ｆｉｅｌｄ）の橋渡し（Ｃｒｏｓｓ）をするような団体でありたい、という気持ちを込めた。

Ｆｉｅｌｄを複数形にしたのは、企業・行政・ＮＰＯといったセクターの枠だけでなく、国境や価値観、さらには既成概念といった、ありとあらゆる領域の枠を飛び越える価値を創りたかったからだ。こうしたさまざまな枠を飛び越える原体験を通して、「社会の未来と組織の未来を切り拓くリーダー」を創っていくことを、僕たちの団体の進んでいく方向性としたのだ。

ビジョンとミッション、それに団体名が固まった。

僕たちは、深く自分たちのものとなった「大義」とともに、改めて全力で走り出した。

「100戦全敗」の貴重な営業活動

ビジョン・ミッションの策定や支援者集めをしながらも、やはり創業1年目のフォーカスは、とにかく営業活動で成果を出すことだった。

松島との役割分担で、営業活動は主に僕の方が担当していたのだが、この時期の営業活動というのは、なかなか壮絶なものだった。

来る日も来る日も、とにかくさまざまな企業に当たり続けた。インフォーマルな面談は友人にも頼み込んで休みの日にもやっていたので、本当に毎日毎日、頭がおかしくなりそうになるほどに面談を続けていた。

すべての面談において全身全霊を込めて話を伝え、そして、そのほぼすべての面談でダメ出しをくらうという絶望的な日々を過ごした。

3月9日に興味を持ってもらえた企業とも連絡は途絶えたままだった。そして、しばらく経ってから当時の担当者が替わってしまったということを知った。明るい兆しはまったく見えず、真っ暗な海底をさまよいながら泳いでいるような感覚だった。

あまりにも話が通じずに1時間の予定の打ち合わせを15分で打ち切られたりすると、その企業の正面玄関を出た瞬間の虚無感などは、特に大きかった。そんなときに、僕の目の前で携帯電話をかけながら颯爽と歩く企業勤めのビジネスパーソンらしい人を見かけると、「自分には取引先も何もないし、どこにも電話をかける先がないんだな」「今日これから何をすればいいんだろう。そもそも、なんで起業なんかしちゃったんだろう」などと、後ろ向きな言葉の数々が頭をよぎった。

前向きさだけが取り柄の自分にも、そんなネガティブな感情が出てきて、それを追い払うのはなかなか大変だった。

この時期には、ストレスで肩こりが激しくなり過ぎて、まさに文字どおり「首が回らない」状態になったこともあった。「なるほど昔の人はなかなかうまい慣用句を作るものだよね」などと周囲に笑って話していたが、内心は焦りに焦っていた。

結局、起業してから半年あまりで、僕は100社以上の企業を訪問し、そのすべての訪問において結果を出せず、全敗することとなった。

これを最低の経験談として捉えることもできる。でも、重要なのは100回以上の営業活動を戦う機会があったという事実だったと思う。通常、創業したばかりの若造が、企業の担当者、それも大手企業の担当者とアポイントを取って面談をすることは至難の業だ。それが可能だったのは、何を隠そう、大義に共感してくれた仲間たちがいたからだ。

実はこの100回以上の面談、僕は1件も飛び込み営業をしたことはない。

ほとんどの企業は、コンパスポイントなどで出会った仲間たちが働いている企業であり、友人たちが社内で連絡を入れて面談を設定してくれていたのだ。

しかも、単純な紹介ではなく、多くの場合は友人たちが事前に概要も説明してくれていた。場合によっては、「うちの会社の場合、人事の担当者よりもXXさんだったら話を聞いてくれると思うよ」といった具合に、キーマンとなりそうな人を紹介してくれたりもした。

ある意味、コンパスポイントの仲間をはじめとした大義に共鳴した人たちが、クロスフィールズの営業部隊として機能してくれていて、一緒にチームとして戦っているような感覚だった（それだけ応援と期待をしてもらっているだけに、肝心の面談でまったくダメだとその分深くへコむのだが……）。

また、そうした応援者を介した面談なので、導入に対して前向きになってくれなくとも、営業のやり方や提案資料に対してアドバイスをくれたりすることもあった。こうした一言ひとことが自分たちの提案内容を見直すきっかけとなり、徐々に営業活動の質を高めていってくれたのだった。結果は100戦全敗でも、一つひとつの負けを振り返りながら成長を重ねて、意味のある100戦を戦ったのだ。

連敗が続いて営業活動をする気力すら失いかけているときにも、友人たちのほうが「次はうちの企業に来てよ」と営業先を調整してくれている。負けても負けても、「よし、次を戦え」

と強制的に次の戦いに向かわされているような感じだ。そもそも、僕自身が100回以上の試合に挑むことができたというのではなく、仲間たちが100回以上の試合を用意してくれた、と言ったほうが正確かもしれない。

それでも「最初のインパクト」にこだわる

連戦連敗の営業の日々が続いていたが、それでも僕は生意気にも、超有名企業を1社目の導入企業にするということにこだわっていた。

まずは何がなんでも第1号の導入企業を見つけることが、目下の目標だった。

ただ、その企業がどこになるかで、今後のクロスフィールズの活動の迫力は大きく変わってくる。やはり、「この企業がやるのか！」とニュースになるような企業が導入してくれてこそ、他の企業が追随して「留職」の活動は広がっていく。

苦しい状況の中、僕は自分にそう言い聞かせて、歯を食いしばった。

やはり僕の妄想癖はなかなかなもので、実は未来の導入企業として、2社の具体的な企業名を常に頭に描くようにしていた。そして、その企業が華々しく「留職」の導入を決め、プロジェクトが成功し、日経新聞の一面を飾っている絵をイメージしていた。

こんな連戦連敗の状況で、よくそんな夢みたいなストーリーを描き続けていたと今でも感心するが、このあたりは、マッキンゼーを退職するときに支社長から言われた「インパクトにこだわれ」という言葉が頭に残っていたのかもしれない。

自分たちが起業してまで絶対に成し遂げたい大義を実現することを、そう簡単にあきらめるわけにはいかなかった。

妄想していた2社の企業のうち、1社はパナソニックだった。

創業者である松下幸之助さんの哲学の素晴らしさには感激していたし、パナソニックには熱い想いを持って入社する人が多いと友人から聞いていたからだ。また、当時の日本のメーカーは業績的にも一番苦しんでいる時期でもあったので、パナソニックが何か新しいことを始めるということは、きっと大きなニュースになるだろうと考えた。

そして何より、日本が世界に誇るブランド力を持つ企業であることが大きかった。パナソニックが動けば、きっと多くの企業がそれに続いて、やがては日本の産業界の考え方をググッと動かしていく。そんなことを脳内で思い描いていたのだった。

前例主義という名の「垂直の壁」

そんな明るい妄想を抱きながらも、僕は営業活動の中で「垂直の壁」だと感じるような難しい課題にぶち当たっていた。

「留職」の導入に興味を持っていただけ、前向きに検討しようと言ってくれる企業が出ても、どこの企業も口を揃えて「それで、どこかの企業で導入実績はあるんですか？」という質問が来て、そこで検討がストップしてしまうのだ。この「前例がない」という言葉で、前に進めなくなってしまっていた。

もしすでに前例があったらわざわざ起業などしていないわけで、当然ながら、この世の中に「留職」の導入実績など存在していない。僕としては、「前例がないからこそ、第1号で導入することに意義がある」と思っていたものの、やはり大企業の人事部がそんな論理で動いてくれるはずもない。

この前例主義という呪縛を突破しなければ、留職の導入は実現しない。

そびえ立つ「垂直の壁」を前に、僕は松島とともに頭をフル回転させて突破方法を考えた。

まず行動を起こしたのは、海外での類似事例の調査だった。

「留職」自体の前例はなくとも、類似の取り組みが世の中に存在すれば、その事例を研究して、類似事例の効果を語ることができるようになるはずだ。そして、人材育成の業界に明るい友人たちに話を聞いたりして調査を進めると、なんとＩＢＭが類似の取り組みをやっているという事実をつかむことができた。

ＩＢＭはＣＳＲ活動の一環として、なんと毎年数百人という規模の社員を新興国のＮＰＯへと派遣していた。僕はさっそく、日本ＩＢＭに勤める友人に連絡し、このプロジェクトについていろいろと話を聞いてみた。すると、このプロジェクトはＩＢＭが内部で実施しているわけではなく、外部のパートナー団体と一緒に運営しているということがわかった。

その団体がアメリカのワシントンＤＣにあるという話を聞くと、松島と僕はさっそく、２人で弾丸出張を敢行することにした。海外出張の経費は痛かったが、やはり生の情報を知らなければ、日本企業に対して説得力のあるプレゼンはできない。それに、思い立ったら素早く行動できるのが、今の自分たちの唯一の強みだと考え、僕たちはアメリカへと飛んだ。

事前にアポも取らずの計画性のない突撃訪問だったが、アメリカ出張では非常に有益な情報の数々を手に入れることができた。欧米では、リーダー育成や新興国の市場開拓、さらには新しい形のＣＳＲ活動という文脈で、「留職」に近い社員の海外ＮＰＯ派遣の取り組みが盛り上がっているということを突き止めた。

帰国後、ＩＢＭをはじめとした欧米企業での事例をまとめて資料を作るとともに、セールストークの中に入れ込んだ。すると、企業側の反応が一気に変わった。門前払いをされる企業の数は減り、「ＩＢＭの事例に関心を持った。もっと詳しく教えてほしい」などと、そんな声が増えてきた。海外事例を使った「前例」の説明は、まさしく効果てきめんだった。

ただ、それでもやっぱり日本企業の前例主義の壁は高い。

「こういうの、欧米企業はやっぱり好きなんだよね。それで、日本ではどこの企業が取り組んでいるのかな？　日本企業での導入事例を見せてほしくて」

やはり垂直の壁を登り切るのは簡単なことではないと思い知らされたのだった。

情熱と工夫のあるところ、道は必ず拓ける

中学校時代の部活動の恩師から、「情熱と工夫のあるところ、道は必ず拓ける」という言葉をもらったことがある。まさに、「留職」第1号の導入の話は、この言葉を体現するものだったように思う。

先ほど、ぜひとも導入してほしいと狙いを定めていた企業の1つがパナソニックだったと書いた。そして実際、友人からの紹介があって、僕はパナソニックのCSR部の方と何度か打ち合わせを持つことができていた。

パナソニックの担当の方は、僕と同年代の熱心な方で、最初の面談のときから辛抱強く僕たちの話を聞いてくれていた。そして、アメリカ出張からの帰国後に打ち合わせを持つと、IBMの事例を聞いていた担当の方の眼の色が変わった。「小沼さん、これなら上も説得できるかもしれません」という言葉とともに、面談は徐々に具体的なものになっていった。面談は回数を重ね、ついに見積もり金額を提示する段階まで進んだ。

見積もりを提示するという行為は、僕にとって生まれて初めてのことだった。恐る恐る「株式会社パナソニック御中」というタイトルの見積書を作成し、勝負の打ち合わせへと向かった。その日の資料を担当の方に提示したときには、自分の手が震えていたのを覚えている。

「わかりました。これで稟議にかけますので、結果が出たらお知らせしますね」

その言葉だけいただいて、その日の打ち合わせは終わった。

僕はもう祈るしかなかった。

とにかく、祈って、祈った。

数週間が経って、担当の方から連絡が入った。結果が出たので来てほしいという。わざわざ呼び出されるということは、もしかしたら嬉しい知らせなのではないか。僕は松島と一緒に、期待と不安の入り混じった感情とともに、パナソニックのオフィスへと向かった。

「……すみません、否決されました」

言い渡されたのは、残念過ぎる結果だった。聞くと、やはり「日本での導入実績がない」ということが、否決の決め手になったとのことだった。


僕は激しく落ち込んだ。

ここまで検討してもらったのは初めての経験で、この段階で否決となったことがショックだった。それに、何よりもずっと片想いをしていたパナソニックから前向きな返事が得られなかったわけだ。万事休す。松島も僕も、絶望的な気持ちになった。

落胆の色を隠せずに、僕は担当の方に力なく御礼を言って帰ろうとした。そのとき、担当の方から信じられない言葉をかけられた。

「否決されたのは残念でしたが、僕はあきらめたくないんです」

担当の方は続けた。

「クロスフィールズさんの目指している世界観には僕もすごく共感しますし、留職の取り組みは意義があると思うんです。なんとしても一緒に、実現しましょう」

こちらがあきらめようとしている状況で、目の前のパナソニックの担当の方が、僕たちのプログラムをなんとか実現しようと言ってくださっている。なんという話なのだろう。

その担当の方の名前は、原口雄一郎さん。物腰の柔らかい一見おとなしい方だが、内側に情熱を宿しているような、そんな方だった。後になって聞いた話だが、もともとは営業部門にいたものの、社会貢献の世界で何か革新的な取り組みをやりたいと、志願してCSR部に異動してきたとのことだった。その原口さんが、僕たちの掲げた大義に共鳴してくださったのだ。

「ちょっとした秘策があるんです」と言って、原口さんは静かに言葉を続けた。

パナソニックには、入社10年目になると「チャレンジ休暇」という名前の3週間のリフレッシュ休暇が取れる制度がある。「留職」のために新たな制度を新設するのではなく、その制度を使ってパナソニックの社員が個人としてクロスフィールズの「留職」に参加するという形で、まずは実績を作ってしまってはどうか、という話だった。

そして、原口さんの大学の1つ年上の先輩でパナソニックに勤めている方が留職に興味を持っていて、運よく、ちょうどチャレンジ休暇を取得できる入社10年目を迎えているという。彼に個人として留職に参加してもらうことで実績を作るというのが、原口さんの言う「秘策」だった。

原口さんの提案はとても魅力的なものだったが、クロスフィールズとしては悩みどころでもあった。実績はできるものの、会社との契約は発生しない中で、ある意味、口約束で最初のプロジェクトを実施することになる。そして当然ながら、この案件で費用をもらうことはできない。

この先どうなるかもわからない中で、今回のプロジェクトは先行投資として無償でやることになるわけだ。ただ、原口さんの読みでは、このプロジェクトで成果が出れば、実際に導入につながる可能性も高いとのことだった。

松島と僕は一晩かけて、このプランに乗るかどうかを議論した。そして、最終的には、どうせ失うものはないのだからということで、原口さんの提案に賭けるという方針を決めた。

さっそく、僕たちはこの秘策を実行に移していった。原口さんの紹介で先輩社員の方にもお会いすると、この方も想いを持った素晴らしい方で、この人こそ記念すべき第1号の留職の経験者になっていただくべきだと確信できた。

そこからは主に松島がリードする形で、死に物狂いでこの第1号案件を成功させるべく動き回ることになる。そして2012年2月、パナソニックの社員をベトナムでの史上初の留職へと送り出すことができたのだった（プロジェクトの詳細については、第5章で紹介したい）。

ついに「垂直の壁」を登り切る

原口さんの提案を受けるにあたって、僕は僕で秘策を考えていた。ちょうどその頃、留職という取り組みに対してメディアの方々が少しずつ関心を寄せてくださるようになっていた。新聞社やテレビ局の方々が、このユニークな取り組みと、僕たちが掲げる世界観とに興味を持ってくださって、「もし第1号が実現したらうちで取り上げるから、ぜひ連絡してくださいね」という言葉をかけていただいていた。

先輩社員の方のベトナムへの出国日が決まった頃、僕は原口さんに相談を持ちかけた。「パナソニックの社員が留職プログラムに参加」というタイトルでクロスフィールズとしてプレスリリースを出すことはできないか、という打診だった。原口さんも広報の方々とかけ合ってくださり、「会社として導入」とは書かずに、あくまで「パナソニックの社員が参加」と書くという条件で無事GOサインが出た。

僕はさっそくプレスリリースを作成し、懇意にしてくださっていた記者の方にお送りした。すると、その日の日経新聞の夕刊一面に、見事に留職第1号派遣の記事が掲載された。プレスリリースのタイトルはスペースの都合上で短縮されていて、「パナソニックが留職」となっていた。これではまるで会社として導入されているように読める。予想どおりだった。

この記事に対するパナソニック社内の反応には、原口さんも僕たちも戦々恐々としていた。だが、結果的にパナソニック社内の方々はこの記事を好意的に受け止めてくださったとのことだった。むしろ何人かの役員の方々からCSR部におほめの言葉がきたということで、原口さんと僕たちは胸をなでおろしたのだった。

日経新聞の一面に記事が出たことで、クロスフィールズの留職に対する世間の関心はさらに高まっていった。

そして、ついに運命的なオファーが僕たちの元に舞い込む。

テレビ東京のビジネスニュース番組「ワールドビジネスサテライト」が、ぜひ留職についての特集を組みたいと問い合わせがきたのだ。しかも、よくよく話を聞いてみると、なぜか僕自身もゲストコメンテーターとしてスタジオで生出演してほしいとの話で、20分間のロングインタビューと特集映像を合わせ、約40分間もの露出があるという話だった。

テレビ生出演に対する恐怖心は当然あったものの、この追い風を逃す手はないと、僕たちはこのオファーを受けることにした。

留職の特集映像はパナソニックでの第1号案件が中心だったが、担当のディレクターの方から、こんな提案があった。

「パナソニックさんが留職をやったのはわかるんですが、どこかほかの企業さんで留職を導入しようとしているところはありませんか。そういう場面を撮りたいんです」

この提案を聞いて、僕は即座に、留職の導入を真剣に検討している別の企業の人事部の方に連絡を入れた。

「今導入を決めていただければ、ワールドビジネスサテライトに取り上げられますよ」

担当者からの回答は、ＹＥＳだった。

その企業は、テレビ出演をきっかけに、留職の導入を正式に決断してくださったのだ。これが、クロスフィールズにとって最初の企業との契約となった。僕たちはついに、日本企業での導入実績を作ることに成功したのだ。

僕は喜び勇んでパナソニックのオフィスへと足を運び、原口さんに「前例ができました」と報告をした。こうして、パナソニックでも無事に正式導入が決まったのだった。

原口さんと僕たちで知恵を振り絞って編み出した秘策が、完璧すぎる形で日本企業の前例主義を打ち破った瞬間だった。

情熱と工夫のあるところ、道は必ず拓ける。

磨き上げた大義の持つ力によって、僕たちはついに「垂直の壁」をよじ登ることができたのだ。

column

先進的なグローバル企業で隆盛するＩＣＶ（国際企業ボランティア）の取り組み

第5章で、ＩＢＭが留職と類似した取り組みを行っていることに触れた。実はこうした社員派遣型の海外ボランティアの取り組みはＩＣＶ（International Corporate Volunteering）と呼ばれ、ＩＢＭだけでなく、Pfizer や Accenture、PEPSICOなどといった先進的なグローバル企業で２００５年頃から爆発的に広がっている。では、世界的な隆盛を見せるＩＣＶがどのようなものなのか。ＩＢＭの事例で少し詳しく紹介したい。

ＩＢＭは２００８年にＣＥＯ直轄のプロジェクトとしてＩＣＶを開始した。国籍も事業部も異なる10人程度の幹部候補社員を、ＩＢＭが戦略的に重視しているアフリカ諸国や中南米の国々に1カ月間にわたってグループで派遣する。派遣された社員は、数人ずつに分かれて現地のＮＰＯや行政機関などに入り込み、自社の持つＩＣＴ技術を活用してさまざまな社会課題の解決に取り組む。ある社員はブラジルの商工会議所でデータベースの構築にあたり、またある社員は女性の権利を守る活動を展開するインドのＮＰＯでホームページの作成を担うといった具合だ。

驚くべきは、ＩＢＭの行うＩＣＶの規模だ。初年度から１００人の社員を派遣し、その規模は拡大を続け、開始5年で累計２０００人以上を派遣した。

なぜＩＢＭがここまでＩＣＶに「本気」なのか。僕が米国で担当者にインタビューすると、

「ＩＣＶは、人材育成と事業展開の両面で高い効果が期待できるからだ」

という答えが返ってきた。

ＩＢＭでは、これまでのようにアメリカ型の価値観を押し付けるのではなく、現地の文化や価値観を理解して柔軟に事業を展開できる人材を育てる必要性が高まっている。そんな新興国を肌感覚で理解する人材を育てるには、早期に新興国社会を草の根レベルで体験させることが近道だと考えているのだ。

また、各国のオフィスの将来の幹部候補生たちが新興国の社会課題解決にともに汗を流すことは、グローバル企業が国籍を超えた結びつきを強めるという意味での効果も高いのだという。

そして、新興国での事業展開という点でも効果が大きい。ボランティア活動を通じて現地社会のニーズを探ることができるだけでなく、現地の政府機関などと関係性を深めることが期待されているのだ。

次のような事例がある。

あるＩＢＭ社員が、ナイジェリアのとある診療所でオペレーション改善の活動を行った。カルテの管理がうまくできていない診療所の状況を改善しようと、現場スタッフにも簡単に操作できる電子カルテのシステムを構築し、活動は大きな成功を収めた。

ＩＢＭ社員たちが帰国してしばらくすると、州の保健省からＩＢＭのオフィスに連絡が入る。

「あのボランティアが作ったシステムは素晴らしい。ぜひ州のすべての診療所で導入したい」

こうしてＩＢＭは、ＩＣＶをきっかけに州レベルのプロジェクトを受注したのだ。さらには、この州でのカルテ電子化システムの評判が高かったことから、他の州からも発注が殺到し、国家レベルのプロジェクト受注へとつながった。そして、「どうやらＩＢＭはアフリカ市場に強いらしい」と評判となり、アフリカ諸国におけるＩＢＭのブランド構築にも貢献したのだ。

ＩＢＭの調査によると、ＩＣＶに参加した社員の実に75％以上が「新製品・新サービスのアイデアを持って帰ることができた」と回答している。

ＩＢＭはＩＣＶでボランティアを派遣した地域でニーズ調査とパイロットプロジェクトを実現し、その上で全面的に事業を展開するという戦略を描いているのだ。ＩＢＭのこの「健全な下心」が、マーケット開拓と社会貢献の両方を見事に実現しているのだ。

第6章

個人が組織を動かす瞬間

「青黒さ」で大組織を動かす。成功は「想い」の力×したたかさ

パナソニックでの留職第1号案件の実現から約4年が経ち、留職プログラムは25社以上が導入し、累計100人の方を派遣することができている。その100人の方が取り組んだプロジェクトこそが留職プログラムの価値だが、実はそれと同じくらいに価値があると思っているのは、この留職という風変わりなプログラムを大企業が導入するというプロセスだ。ブランドや信頼力もなく、人材や資金力も限られている僕たちは、まさに「想い」の力だけを頼りにして巨大な組織と向き合っていった。この章では、リソースがない中での戦い方という、そんな「社会を変える現場」での志事の流儀を紹介したい。

事を成す人に必要となるのは、「青黒さ」

この章で紹介する巨大組織との戦い方を象徴するキーワードは、「青黒さ」というものだ。

この言葉は「青臭さ」と「腹黒さ」を組み合わせた造語で、もともとはリクルートワークス研究所が打ち出した概念だ。

理想や夢、社会の不条理に対する義憤、自らの志といったものをエネルギーにして進む「青臭さ」と、時には根回しやうまい立ち回りもしながら、組織の中で物事を戦略的かつ用意周到に進めていく「腹黒さ」。この一見相反する要素を兼ね備えることこそが、日本社会、特に大きな組織の中でおもしろい何かを成し遂げる人に最も必要な要件ではないかと僕は思う。

「青臭さ」は、それが夢や理想を語るだけになってしまったら、結局はグチにしか聞こえず、組織や社会を変えるような動きを生み出すことはできない。

一方で、自らの利益だけを考えて「腹黒く」立ち回っているだけでは、仮に出世したとしても、周囲の尊敬を集める素晴らしいリーダーにはなれない。ましてや、そんな人が周囲を巻き込みながら新しい価値を創っていくことは難しい。

僕がクロスフィールズを創業するプロセスで痛感したことも、やはり青臭さだけで何かが始まるほど、世の中は甘くはないということだ。青臭さと同時に腹黒さも併せ持たなければ、僕たちは大企業を動かすことなど決してできなかったと思う。

そして、もう1つ。この青黒さは、留職の導入をしようと働きかけるクロスフィールズだけが発揮したものではなかった。

企業の側で留職の導入に向けて動いてくださった担当の方々にとっても、青黒い立ち回りこそが不可欠なものだった。彼らが実際に大企業の上層部を動かしていく姿を横で見させてもらって感じたことは、青黒さを効果的に発揮することができれば、若手でも中堅層でも、組織で何かの変化を起こすことはできるということだった。

ぜひ、組織を相手に何かを働きかけたいと考えるすべての人たちに、この「青黒さ」という戦い方をお伝えしたい。

想いを伝えるとともに、相手にとっての価値を考え抜く

留職というまったく新しいプログラムの導入には、さまざまな壁を突破できるような強いエ

ネルギーが必要となる。

これまでの経験から思うのは、その強いエネルギーを生むのは、表面上の導入メリットではなく、僕たちが事業にかける想いへの共感や、僕たちが掲げている大義への共鳴だ。こうした大義のレベルでの固くて熱い握手ができるかどうかが、導入が決まるかどうかの大きな分かれ目になる。

ただ、どんなに崇高な理念や大義を掲げていても、当然であるが、先方に対しての価値を考えなければ決して前には進まない。

留職の導入に際しても、大切な人材を出して費用も払う企業側が大きなメリットを感じてくれなければ、プログラムの導入は絶対に起こらない。相手にとってのメリットを考え抜き、ロジックを整理した上で明確にする。そして、あらゆる方面での根回しも怠らない。こういった、ある種の「腹黒さ」が不可欠なのだ。


この5年間、僕たちは留職が企業に提供できる価値について、ひたすら考え続けてきた。では、そんな僕たちが留職のメリットを企業に対してどのように伝えているのか。僕たちが考え抜いた文言を、ちょっと披露してみたい。

なお、最初の導入企業であるパナソニックではCSR部で導入が決まったこのプログラムだが、それ以降は、企業の人事部や研究所、経営企画部といった部署で導入されるケースが増えている。

無論、説明する企業や相手によって強調するポイントは大幅に変えているわけだが、ここでは主に人事部に伝えるケースを想定して、多くの会社で共通して話している3つのポイントを紹介したい。

1. 修羅場経験による、グローバルに活躍できるリーダーの育成
2. 新興国の現地で起こっていることの肌感覚での理解
3. イノベーションを生み出すための発想の転換

1つずつ、簡単に見ていきたいと思う。

1. 修羅場経験による、グローバルに活躍できるリーダーの育成

留職の企業への提供価値で最も大きいのは、「グローバルに活躍できるリーダーの育成」につながるという点である。

組織を離れて文化も価値観も異なる地域に飛び込み、たった一人で、社会課題の現場でプロジェクトをゼロから立ち上げ、最後までやり切ってくる経験。この修羅場経験こそが、企業の

中で未来を切り拓いていくべき人材のリーダーシップを開花させていく。

所属している会社の名刺が通じない環境で、文化や価値観などのさまざまな「枠」を超えてダイバーシティの中で挑戦する経験が、その人がタフなリーダーとなっていく上での「原体験」になっていくのだ。


ただ、このことの意義を企業の側に紹介すると、「なぜわざわざ社外でそんな経験をさせるべきなのか？　本業の中でできれば、それでいいのでは？」となる。

この質問に対する僕の答えは、実は「そのとおりです」というものだ。

ただし、「そうした修羅場経験が、本当に社内で提供できるのなら」という言葉がつく。

かつて、日本企業が海外進出をする際には、現地に駐在所をゼロから立ち上げるようなプロセスを踏む必要があった。若手社員も含め、そうしたプロジェクトに駆り出されて自分の責任で何かをやり切らなければならないような機会が多かったと聞く。

しかし、今は違う。

海外事務所もあらゆる意味で非常に整備されていて、経験の浅い人材が行くと、研修生としてサポート業務をさせてもらうだけとなってしまうケースが多い。

この本を読んでいる読者の方の組織ではどうだろうか。

若手がたった一人で前例のないプロジェクトの立ち上げを任されるような機会は、はたしてどれくらいあるだろうか。特に大きな組織に所属している人ほど、「まずは先輩社員に習って既存事業を勉強しなさい」といった指示が多く、責任の大きな仕事を一気に任されて四苦八苦するような経験は、かなり限られているはずだ。むしろ、自分が取り組む課題を自ら設定する機会すらほとんどない、という人が多いのではないか。

文化も価値観も異なる人々を巻き込みながら、自分の意思で覚悟を決めて、困難な状況を突破してプロジェクトを成し遂げられるようなリーダー。そんなリーダーを育てるには、むしろ「組織を離れての修羅場経験」を積むことが近道だと僕たちは考えている。

2. 新興国の現地で起こっていることの肌感覚での理解

メリットの2つ目は、「新興国の現地社会の理解」だ。現地で社会課題を解決しようとしている団体の人々とともに汗を流すという経験は、現地の人々と同じ目線を手に入れるのには最適な機会となる。

残念ながら、日本企業には現地社会を理解するという視点が欠如しているケースが多い。海外に駐在している人たちと話をしていても、僕が青年海外協力隊で経験したような、現地社会にどっぷり浸かった仕事をされている方は極めて少ないように感じる。

もちろんすべての人がそうだとは思わないが、多くの日本企業において、駐在所生活は現地の人々の生活とはかけ離れたものになっている。高級住宅地に住んで、専属のドライバー付きのハイヤーに乗り、アップタウンのオフィスへと向かう。そして深夜まで仕事をするか、日本からの出張者とともに、現地で評判の日本料理屋での飲み会。週末は、日本人会の異業種交流ゴルフコンペで多忙を極めている。

現地にいながら、交流する人は日本人ばかりで、現地の人々との接点が驚くほど少ない。そんな「日本人村」に暮らしているような毎日で、現地の人々が必要とする製品やサービスを知ることは難しい。

その点、留職は、現地のＮＰＯに職員として入り込むという、究極の現地理解の場だ。僕の青年海外協力隊での経験でも言えることだが、現地ＮＰＯの中で現地社会のために働く経験ほど、現地の人々のことを肌感覚で理解できる機会はない。

こうした経験の先にこそ、現地社会のニーズをしっかりと捉えた製品やサービスの開発と現地市場でのシェアの獲得があるのではないだろうか。

3．イノベーションを生み出すための発想の転換

３つ目は、「イノベーションを生み出すための発想の転換」ができるということである。

今、多くの日本企業において「イノベーションの創出」が課題となっている。そして、その

文脈でよく指摘される日本企業の弱みが、「内向き志向」と「自前主義」という習慣だ。

顧客や会社の外を向いた視点が弱く「内向き」なために、自社の技術や性能を高めること自体が目的になってしまうようなケースが散見される。また、イノベーションの創出には組織外の異なる視点を持つ他者とともに発想・活動していくことが重要だと言われて久しいが、どうしても製品やサービスの開発を組織内で完結したがる「自前主義」が強い。

大企業の方と話をしていると、「うちの会社のエンジニアは、そもそも社外の人と話をする機会はほとんどないです。あるのは、グループ会社との会議くらいですかね」などといった会話がよく聞こえてくる。組織外の人と関わりを持つ機会が、多くの日本の大企業で圧倒的に不足してしまっているのだ。

そんな環境に慣れ親しんでいる日本企業の社員にとって、留職での「自分の常識がまったく通じない環境に身を置く」という経験は、ハンマーで殴られたような衝撃となる。まったく異なる環境下で従来の価値観が思い切り揺さぶられるような経験こそが、これまでにない新しい発想を組織の中に生んでいくと、僕たちは考えている。

「個人としての原点」に共通項を見つける

ここまで書いてきたのが、僕たちがこれまでの営業活動の中で磨き上げてきた、企業に対して説明する際に使う留職の導入効果の表現だ。

ただ、冒頭にも書いたように、多くの企業が留職の導入を最終的に決めてくださったプロセスを振り返ると、決め手となったのは、やはり「メリットを理解してもらえたから」ではなく、「想いが伝わったから」だった。

この章の冒頭で「青黒さ」が大事だと書いたが、組織や上司を最終的に動かすものは、「腹黒さ」ではなく「青臭さ」なのだ。

適切なタイミングで、目の前の担当の方に「青臭さ」を前面に出して想いと大義をぶつける。そのことが、何かを動かすのだ。

僕は企業の方々とお話をするとき、まずは相手の課題意識をヒアリングした上で、プログラムの概要と導入することのメリット、そして、導入に向けた障壁とその対処方法などについて一通り説明するようにしている。

ここまでは、いわゆる営業活動の基本的なお作法だ。

ただ、ここからが「社会を変える現場」ならではの流儀だと思っている。

僕がこだわっているのは、「会社人・組織人としての鎧《よろい》」を脱いでもらい、「一人の社会人」になってもらうことだ。

打ち合わせの中盤から、相手の方の琴線に触れそうな言葉を慎重に選びながら、「なぜ自分がクロスフィールズを立ち上げたのか」という話や、「僕が留職というプログラムのどこを誇りに思っているのか」などを、「一人称」で話し始める。

「参加された方が、現地での経験を通じて信じられないほど変わるのを見ると、僕は本当に生きててよかったと思うんです」

「このままでは日本の大企業が、もっと言えば、日本社会が大変なことになると思ったんです。だから僕は、いてもたってもいられずに起業することにしたんです」

こんな個人的な感情の話をしながら、「組織人として会社にとってのメリットを考える」という相手の姿勢を崩して、一人の社会人として、僕たちの掲げる「想い」や「大義」に共感してもらうことを目指す。

その上で、その方の個人としての想いや、会社や社会に対する問題意識などを伺っていき、そこに共通項を見つけていきながら、徐々に会話のボルテージを上げていくのだ。

そして、ある程度会話の温度が高まったときに、僕が投げかける質問がある。

「ところで、○○さんはどうしてこの会社に入ったんですか?」

この質問をすると、たいていの人は「そんなこと久々に考えたなぁ」とか、「新卒採用の面接では僕のほうがいつも聞く質問だけど、いざ答えるとなると難しいですね」などと、そんな答えが照れ笑いとともに返ってくる。しかし、ほとんどの場合、そこでは終わらない。

「でも、実は僕は今でもね……」

そんな言葉とともに、なぜその方が今もその会社で働いているのかを語り始めてくださる。そして、次第に「実はうちの会社のこんなところがたまらなく好きなんです」などと、その人の原点にある想いを語り始めるのだ。

そのときに見せる一瞬の目の輝きが、僕は大好きでたまらない。

担当者の目の輝きが引き出せたら、そこからは、自分たちの事業にかける想いと、自分たちが創りたい世界の姿とを、より真正面から青臭く語っていく。

そして、その先に、組織同士の会話ではなくて、個人と個人の想いのレベルにおいて、ギュッと固い握手ができる瞬間がある。これが、僕がスイッチを押せたと感じる瞬間だ。

心が動いてスイッチが入れば、目の前の担当者は、なんとかして稟議を通して留職の導入を実現しようと一緒に戦う同志になっていただけるのだ。

想いの力こそが、人を動かし、そして、組織を動かしていく。

信じられないほど、熱苦しいアプローチだと思う。

でも、こうした熱苦しいアプローチをして反応してくださる熱い方が日本企業にも数多くいるということを、僕はこの5年間で驚くほどに実感している。

「○○さんはどうしてこの会社に入ったんですか？」

「周りに想いのある人などいない」という人も、だまされたと思ってこの直球の質問を、みなさんの上司や先輩にも投げかけてみてほしい。と同時に、あなた自身の想いも上司や先輩に伝えてみてほしい。

業務時間中にこんな話を投げかけるのは気が引けるのであれば、ランチや飲み会の席でもいいだろう。あなたが想像もしなかったような熱いメッセージを引き出せるかもしれない。

「チャンピオン」の力を借りると、組織は動く

「どうやってこんなにたくさんの会社に導入してもらえたんですか？」

「どこかの研修会社と営業で提携を結んでいるんですか？」

信頼性もブランドもなく、人的リソースも限られているクロスフィールズという組織が25社以上の名だたる大企業とお付き合いしていることを聞くと、多くの方からこんな質問を受ける。

たしかに、自分たちだけで活動を広めていくのは至難の業だ。そこで、僕たちが重要だと考えているのは、直接の担当の方々に限らず、導入に向けて一緒に動いてくださる企業内部の応援者たちを巻き込むという戦略だ。

こうした応援者の方々を僕たちは「チャンピオン」と呼んで、大義のためにともに戦う同志だと捉えている。

チャンピオンという英語は、一般的には「優勝者」という意味で知られている。だが、実はもう1つ、「ある思想や活動を擁護し、応援する人」という意味がある。僕たちはこの後者の意味で、チャンピオンという言葉を使っている。

僕たちはこうしたチャンピオンの方々とともに導入を働きかけるという戦略を取っていて、

実際にこの戦略は功を奏している。

特に初期の頃は、ほとんどの場合はチャンピオンの人たちの活躍によって留職の導入が決まっていたように思う。中には、自分がどうしても留職に参加したいというチャンピオンが自ら人事部を説得して留職の導入を決め、自ら留職への参加権を得たケースもあった。

もしみなさんが組織を動かして何か新しいことをするのであれば、「チャンピオンの力を借りる」という戦略を知っておいて損はないのではないかと思う。

さっそく、具体例を紹介したい。

若手と幹部の「サンドイッチ」で会社を動かす

最初に紹介したいのは、NECでの若手チャンピオンの活躍の話だ。

このケースは、若手チャンピオンの持つ熱が社内の幹部へと伝播し、まるでサンドイッチのような形で他の社員の方々を巻き込んでいって留職の導入が成功していったというものだ。世代を超えた連携が組織を動かすという、非常に示唆に富んだ事例だと思うので、少し物語調に紹介させてもらいたい。

ＮＥＣでは研究所で２０１３年春から留職を導入してくださっているが、その導入のプロセスは、僕とある若手チャンピオンとの出会いから始まった。クロスフィールズは創業当初からＮＥＣのＣＳＲ部に支援していただいていて、あるとき、ＣＳＲ部の方々のご厚意で、社内での講演の機会をいただいた。その中にいたのが、当時29歳で僕と同い年だった篠崎祐一さんだった。

僕が言うのも変なのだが、彼は一見して少し変わっている感じで、講演を聴いた後にも、なんというか少し図々しい感じでコミュニケーションを取ってきた。

「きみの作ったこのモデルさ、うちの会社に導入するには、それなりに改良しないと厳しいよ。でも、心意気はいいから、応援してやってもいいぜ」

なんとも言えないアプローチのされ方ではあるが、ありがたい言葉ではあった。それ以上に、彼には強い突破力を持っていそうだという印象があった。

一度打ち合わせをしようという話をもらったので、ゆっくりと話をすることにした。そこで、僕は彼に起業しようと思った背景や、留職によって起こしたい変化などについて、改めて伝えた。より本気度を高めた篠崎さんには、「また連絡するわ」と言われて別れた。

あまり期待せずに待っていると、1カ月くらい経ったある日、篠崎さんから突然のメールが入った。なんと、役員の方との面会をセットできたとのことだった。それまで僕は大企業の役員クラスの方とお話したことなどなかったので、とにかく驚きだった。

経緯を聞いてみると、NECの研究所の所長さんで役員でもある方が、社内イントラ上のブログで「途上国の現状を知ることの大切さ」についての記事を投稿していたのを見て、篠崎さんはすかさずコメントを返したのだそうだ。

「はじめまして、篠崎です。このテーマでおもしろい活動をしている友人がいるので、会ってください」とのコメントに、役員の方からの返事は「よし、会おう」だったという。


打ち合わせ当日、僕は会議室に入って息を呑んだ。目の前には、役員の方のほかにも人事部の部長さんや課長さん、担当の方々がズラッと並んでいたのだ。これまでの僕単独の営業では、絶対にありえない状況だった。

そして、さらに驚いたのは、役員の方たちと机を挟んだ僕の側に、篠崎さんを筆頭とする5人くらいのNECの若手メンバーが座ったのだ。

まさに、チャンピオンの援軍たちだった。

僕は彼らの無言の援護射撃を受けながら、力を込めてプレゼンをした。役員や人事部の方々も、興味を持ってくれている様子だった。

そして、その後には篠崎さんは「意見交換会」と称した飲み会まで設定してくれていて、僕はそこでまた大いに語った。そして、若手チャンピオンたちの援軍は、口々に日頃から思っている課題意識を役員や人事部の方々に伝えた。

「若手に挑戦の機会を与えてほしい」

「大好きなNECを、もっと魅力的な会社にしたい」

そして、飲み会も終盤に差しかかった頃、役員の方が口を開いた。

「小沼さん、留職の意義がわかりました。おもしろそうだし、まずはやってみましょう」


信じられなかった。

たった一度の面談と飲み会で、導入が内諾されたのだ。

これにはその場にいた全員が驚いていたようで、帰り道には、人事部の担当の方も「こんなに早く意思決定が行われるのを見たのは初めてです」と、すごく興奮しながら話してくれた。そして、「どうもありがとうございます。こんな前向きなプログラムを作れるのは本当に楽しみです」と、その担当の方は嬉々として話してくれた。

翌日、その担当の方から早朝に呼び出しがあって、僕はあわててNEC本社を訪ねた。するとそこには、留職の導入に向けた美しいロードマップの資料がすでに完成していた。前日は深夜まで飲んでいたにもかかわらずだ。

「このままの勢いでスピード感を持ってやらないと、どこかで止まってしまう危険性もあったので」と、担当の方が徹夜状態で作成してくれたものだった。通常の稟議プロセスに入ってしまうと時間がかかってしまうリスクを見越した、きわめて的確な動きだった。

こうして、その後1週間で、本当に導入が決まってしまった。

僕にとっても、おそらくはNECの関係者の方々にとっても、本当に、信じられない展開だった。外部の挑戦者の想いが若手社員と共鳴し、その熱が役員へと届き、そしてそれがサンドイッチのような形で人事部の担当の方にまで確かに伝播し、スピード感のある力強い推進力を生み出したのだ。

まさに、想いのチカラが巨大組織を動かした瞬間だった。


振り返ってみると、篠崎さんたちが僕にとってのチャンピオンだったのと同じように、僕は篠崎さんたちにとってのチャンピオンだったのかもしれない。「若手に挑戦の機会を与えてほしい」というメッセージを、若手社員たちが役員に直接伝えるための「きっかけ」になれたのだとしたら、僕たちとしても何より嬉しいことだ。

組織の中で、何か新しい動きを起こしたいという想いを持っている人たちにとっては、僕たちのような外部者の存在が「チャンピオン」にもなるのである。

堂々と役職者の力を借りる

もう1つの成功パターンは、幹部社員の方にチャンピオンになって応援していただくというケースだ。

大義を掲げた主張に共感してもらいやすいのは、実は組織の中でも全体を見渡すことができる役職の高い方の場合が多い。たとえば、担当の方や中堅社員の方などと留職の話をしていると、「これは本業とは関係ないじゃないか」「それで、来期の売上にはどう貢献できるんだ。そんな遊びをやっている暇はない」となって頭ごなしに否定されることが少なくない。もちろんそれはそれで正しいのだが、組織に対する中長期的なインパクトを考える立場からの目線になると、また違った判断をしていただける。だからこそ、職位の高い人とは、より本質的な大義の部分で共鳴し合える可能性が高いのだ。

僕たちのような新しい挑戦を行う立場としては、まさに「青黒さ」を全開にして、こうした職位の高い方々を味方にして、遠慮せずにいい意味で活用させてもらうことが大切だ。

そんな大義レベルで応援していただいている幹部社員のチャンピオンの代表例は、日立製作所の高本真樹さんだ。高本さんは日立製作所の中でも非常に大きな部門の人事総務本部長（当時）という役職の方で、出会った日から今日に至るまで、ずっとクロスフィールズの活動を応援してくださっている大恩人だ。

高本さんとの出会いは、あるイベントで僕が講演をしたときのことだった。まだ創業して間もない頃で、僕はあまりプレゼン慣れもしておらず、その日の講演は本当にひどい出来だった。当然、聴衆の反応も最悪なもので、僕はヘコみの極致のような状態で、落ち込んで座り込んでいた。そこにトントンと肩を叩いてくださったのが、高本さんだった。

「きみのプレゼンは荒削りすぎて、誰にも伝わってなかった。でも、僕にはきみがやりたいことがちゃんと伝わってきたし、とっても響いた。ぜひ応援したいと思うから、よかったら、一度うちの会社に来て営業してみてほしい」

誰にも自分たちの大義をわかってもらえていない孤独な状況の中で、そのような共感と応援の言葉をかけてくれる人がいるという事実が、本当に嬉しかった。

そして、その優しい提案に後押しされ、僕は実際に営業に行ってみることにした。

すると、担当の方とも価値観が噛み合って、話はトントン拍子で進んでいった。半年くらいかけて、なんと留職の導入が正式に決まってしまったのだ。

当時はまだ導入実績が少なかった段階で、このようにスムーズに導入が決まるのは奇跡のようなことだった。おそらくは高本さんが裏から相当な援護射撃をしてくださっていたのだと思うが、本当にありがた過ぎる話だった。

なお、厚かましくも、僕は高本さんにその後もクロスフィールズの活動を応援していただくようにあらゆる局面で頼り続けている。今や僕だけでなく、多くのクロスフィールズの職員にとっての非公式なメンターのような存在になっていて、時には厳しく、時には優しく、活動が前に進むための貴重なアドバイスをいただいている。

組織の中で権限を持っている方が新しい動きを応援するということは、当然ながら強力な推進力になるし、さまざまな効果を持っている。

そもそも、僕のような外部者や若手がどれだけ話してもなかなか伝わらないことも、こうした方であれば、組織の中で最も響きやすい言葉に的確に翻訳することができる。そして、その意義を、まるで拡声器のように一気に社内へと伝えることができるのだ。

そして何より、社内のパワーバランスや、物事を通していくときの適切なプロセスも熟知している。こういう方に応援していただくことで、挑戦が形になる成功率は飛躍的に高まっていく。

「でも、そんな人、うちの会社にはまずいないです。特にうちの部署は堅くて……。その高本さんという素晴らしい方に出会えて、小沼さんは運がよかったってことですね」

そんな声が聞こえてきそうだが、たしかに、高本さんのような「青臭い大人」に出会って応援してもらえたということは、本当にラッキーなことだった。でも、もしかすると僕が高本さんと接点を持てたのは、偶然ではなかったようにも思う。

高本さんのような青臭さを失っていない「大人」は、探せば必ずいるからだ。

企業の中で何かを始めようとしている方には、ぜひ積極的に自分の挑戦についての情報発信をして、周りにいる「青臭い大人」をあきらめずに見つけ出してほしい。

その人は、必ずしも、直属の上司ではないかもしれない。

もっと社内を見回してみよう。あなたの挑戦や突拍子もないアイデアを「おもしろいじゃないか」と言って応援してくれる人は、必ずどこかにいるはずだ。

そして、そうした人に出会ったら、遠慮せずに自分の想いを伝えて、あなたの挑戦を応援してもらえないか全力でお願いしてみてほしい。たとえばプレゼンや資料の内容に厳しくダメ出しをしてもらうなど、活動を応援してもらいながら、どんどん協力者として巻き込んでいってほしい。

強力なチャンピオンが味方につくことで、自分一人では達成できないような大きなインパクトを、会社を動かすことで生み出せるはずだ。

とにかく自分と会社を信じる

多くのチャンピオンの方々と一緒に壁を乗り越える経験をしていく中で、大きな組織を内側から「青黒く」動かす際に大切な心構えの数々を学ばせてもらった。

その中で最も大切な心構えをごくシンプルに言えば、「信じること」と「応援すること」だ。


青黒く組織を動かすためにまず大切なことは、とにかく自分と会社を信じることだ。

ただ、これは簡単そうに聞こえるが、案外難しい。

企業に勤務する同世代の友人たちと話をしていると、よくこんな言葉が出てくる。

「ウチの会社は腐っているから、結局、自分が何をやったってダメなんだよ」

思い切って言ってしまえば、この考え方は断じて違うと思う。ほとんどの日本企業は決して腐ってなどいないし、むしろ熱い想いを持った人で溢れているはずだ。

入社初日のことを思い出してほしい。誰もが熱い想いと志を持って、この会社で何かを成し遂げたいという希望に胸を膨らませて入社したはずだ。そもそも日本企業とは、そんな熱い人たちが集まってできている組織なのだ。

「そんなこと言っても、うちの会社の人は明らかにみんなもう目が死んでしまっている」

嘆きたくなる人もいるかもしれない。

そんな人は、自分の会社は「不燃性」ではなく「可燃性」と考えてみてはどうだろうか。今は燃えていないし、燃えていきそうにも思えない。けれど、それでもひとたび火をつければ一気に燃え上がることができる。そんな組織だと促えてみるのだ。

自分のためではない、大義を持った挑戦をしていれば、必ずや僕にとっての高本さんのような賛同者・応援者が現れて、一緒に燃えてくれるはずだ。さらには、周囲にもその熱を広げて、組織全体を燃え上がらせてくれるはずだ。

先ほどのNECの若手チャンピオンの事例にもあったように、立場や年次には関係なく、誰にだって社内に火をつける力は備わっている。

そんなことができる自分の力を過小評価してほしくないし、自分の勤めている会社を不燃性だと悲観してほしくない。そのような悲観からは何も始まらないし、そういう思考こそが火のつきにくい冷めた風土を生んでしまうのだ。

マハトマ・ガンジーの言葉に、「You should be the change that you want to see in the world（この世界に望む変化に、あなた自身がなりなさい）」というものがある。あなた自身が、自分と会社を信じることからこそすべての変化は始まっていくのだ。

もう1つ、青黒く組織を動かす上で大切なことがある。誰かが挑戦するのを見たら、その挑戦を全力で応援するということだ。

誰か想いを持って挑戦する人がいたときに、その挑戦が誰にも応援されずにダメになってしまうと、その人の挑戦が終わるだけでなく、「やはりダメだった」と周囲も落胆することになる。そして、挑戦を応援する風土はさらになくなっていき、次なる挑戦が生まれにくくなるという負の連鎖が起きてしまう。誰かが挑戦しても「あんなことやったって何も変わらないのに、バカなやつだな」という言葉が聞こえてくるような、そんな状況が再生産されていくのだ。

だが、逆に言えば、挑戦が応援されることで、正の連鎖を引き起こすことも可能だ。誰かが起こした無謀で青臭い挑戦も、その挑戦を応援してくれる存在が現れたり、誰か一緒に動いてくれる仲間が現れたりすると、確実に何かが変わっていく。仮に結果が出なかったとしても、挑戦が見捨てられなかったという事実が、周囲に勇気を与える。

だからこそ、特に何か新しいことに挑戦をしたいと思っている人は、誰かの挑戦を見たときに、真っ先に応援をしてもらいたい。


日本の組織ではよく「チャレンジする人が少ない」「変革を起こすリーダーがいない」といったことが話題になる。

だが、実は日本の組織に本当に足りないのは、「挑戦を応援する人」なのだと思う。

ニワトリと卵ではあるが、挑戦を応援する風土がないからこそ、チャレンジしようと思う人が出てこなくなってしまう。

いきなり自分が何かを始めるのはちょっと抵抗があるという人にも、ぜひ「誰よりも挑戦を応援する人になる」という一歩を踏み出してもらいたい。

それこそが、誰かの挑戦を後押しして、組織を動かす力になっていく。

どんな挑戦も、一人では決してできない。

あなたの力が必要なのだ。

column

社会課題の解決は、企業の利益最大化にもつながる

ＣＳＶ（Creating Shared Value）という言葉が日本のビジネスシーンや新聞紙面などでも頻繁に登場するようになって久しい。ＣＳＶとは、ハーバード大学のマイケル・ポーター教授が２０１１年に発表した「共有価値の戦略」という論文の中で提唱された概念で、社会的価値と経済的価値の両方を同時に生み出していくことが企業の競争優位につながるという考え方だ。

たとえば、ＧＥは環境問題への配慮を経営戦略の中心に置き、環境負荷の削減と利益追求とを同時に実現している。また、ユニリーバ社が環境負荷や社会への貢献を売上や利益とともに経営指標として重視していることや、インド農村部に衛生環境の改善とともに自社の製品を普及させていったことなども同様だ。日本企業での事例としても、トヨタ自動車のプリウスは、環境問題の解決を実現するプロダクトとして世界的なヒットを記録している。

ＣＳＶとよく対比される概念として、「企業の社会的責任」を指すＣＳＲ（Corporate Social Responsibility）がある。ポーターによれば、ＣＳＲでは社会貢献を本業の事業活動とは切り離された慈善活動だと捉えていたのに対し、ＣＳＶでは社会貢献を「責任」ではなく「機会」と捉える。社会問題を事業と切り離して見るのではなく、事業戦略と一体のものとして扱うことで、企業が競合他社との競争上の優位性を保つことができるというのがポーターの主張だ。

これまで、企業によるビジネス活動と社会貢献の世界は分断されていると考えられてきたが、ＣＳＶの概

念の台頭で、ビジネスの世界は社会貢献との距離を一気に近づけ始めているのだ。

考え方を変化させているのはビジネスの世界だけではない。社会貢献の世界においても、ビジネスとの距離を近づける動きが目まぐるしい。

たとえば国連は2015年9月に、これからの国際社会が目指すべき世界共通の目標として17の目標からなる「持続可能な開発目標（SDGs）」を採択した。ここには企業に期待される役割が大きく盛り込まれていて、企業がビジネスとして世界的な社会課題を解決していくことは国際社会からも後押しされている。

今、これまでにないほど、ビジネスと社会課題解決の世界が双方から急速に接近しているのだ。

こうした時代背景から、日本企業の間でも、徐々にCSVの概念に真っ向から取り組むような動きが見え始めている。日立製作所では「社会イノベーション」というキーワードを全面に押し出し、社会の課題を解決することを事業戦略の中心に据えた。また、味の素やキリンといった企業はCSVを経営戦略の重要なテーマとして掲げるようになっている。

CSVの概念に対しては、「日本企業はもともと本業で社会に貢献してきているので、改めてCSVなんて言わなくていい」という意見も根強い。たしかにそうだが、もし現在もCSV的な価値観を会社の隅々まで行き渡らせていたら、働いている社員の目の輝きは決して失われなどしないとも思う。

やはり、このCSVというコンセプトが注目されていることを好機として活用し、日本企業がもともと持っていたCSV的なDNAを呼び覚ますような取り組みを積極的に展開していくべきではないだろうか。

CSVについてはまだまだ書きたいことが多いが、デロイト トーマツ コンサルティング執行役員の藤井剛さんが『CSV時代のイノベーション戦略』（ファーストプレス）という良書を書かれているので、興味のある方はぜひ読んでみてほしい。

第7章

「社会とのつながり」が働く意義を呼び覚ます

「留職」という名のリーダーシップの旅

この章では、クロスフィールズが展開する留職プログラムについて、何人かの方々の経験者の体験を紹介しながら、「社会を変える現場」での原体験の価値に迫っていきたい。彼ら、彼女らが新興国の現場で、どのようなことを感じ、悩み、いかなる成果を残してくるのか。そして、「社会とのつながり」を感じることで、目の前の仕事を「志事」にどのように変えていくのか。「留職」というリーダーシップの旅を、この章でぜひ疑似体験してほしい。

「社会を変える現場」では何が起こっているのか

「まだ解決されていない誰かの困りごとに直接対峙している」

「リソースが限られていて、誰もが当事者意識を持たざるをえない」

「大義を掲げ、熱い想いを持って挑戦を続けるリーダーたちに溢れている」


こんな特色を持っているのが、「社会を変える現場」だ。

留職プログラムでは、大企業で働くビジネスパーソンたちが、アジア新興国の「社会を変える現場」に数カ月間にわたってどっぷりと浸かる。そこで自らが本業で培ったスキルや経験を活かして現地の人々に貢献することを通じ、「社会とのつながり」を肌で感じていく。そして、その過程で自らのリーダーシップを大きく開花させていくのだ。


新興国でたった数カ月間過ごしただけで、本当にリーダーシップが開花するものなのか？

そもそも、現地社会の側にもプラスの影響をしっかりと残すことができるのか？

おそらく、疑問を持つ人もいるだろう。正直なところ、僕たちもはじめの頃は半信半疑だった部分もある。

でも、これまでの5年間で100人以上の方を留職に送り出してきて、実際に、僕たちの想像を超える成果が生み出されるのを目の当たりにしてきた。現地への貢献という意味でも、参加した方の学びや成長といった意味でも、堂々と胸を張れるだけの成果が上がっている。

留職プログラムでの経験は、筋書のないドラマのようなものだ。

もちろんクロスフィールズとしては、適切な団体の選定や業務内容の設計、事前と事後の研修などといった、プロジェクトの成果を担保するために必要なお膳立てはさせてもらっている。ただ、根幹にあるのは、参加者が自らの力で考えて自分の進むべき道を決めていくという考え方だ。また、新興国の現場でプロジェクトがどのような方向に進むのかは、誰にも予測がつかない。

その意味で、これまでの100人の方々の留職での経験での経験は、まさに100通りのものだった。本当はそのすべてのストーリーを紹介したいところだが、ここでは、特に僕の印象に残っている方の経験談に絞って、紹介していきたいと思う。

「働く意義」を取り戻した入社10年目の研究者

最初に紹介したいのは、2015年1月から3カ月間にわたってインドネシアのNGOに留職した、ハウス食品グループ本社の渡邉岳夫さん（当時34歳）のストーリーだ。

渡邉さんは、中央研究所でスパイスの研究をしている入社10年目の研究職の方だった。入社以来、部署や上司も一度も替わったことがなく、ある意味ずっと同じ環境の中で仕事をしてきていた。また、彼はすごくシャイな性格で、誰かに何かをお願いするということは本当に苦手だと自分でも言っているほどだった。

一方、素晴らしい想いを持った方でもあった。普段の業務でも出張ベースでインドネシアに仕事で行く機会もあった渡邉さんには、ある問題意識が芽生えていた。

「僕が一緒に仕事をしている、現地で雇用している、生産者のみなさんは、ただ単純に農作物を生産しているだけのように見えました。いったい、その人たちにとってハウス食品がどのような価値を提供できているのか、それが見えなかったんです。留職に参加することで、もっと彼らと対等に働く経験をしてみたかったんです」

自分がやっている研究や仕事が、一緒に働いているインドネシアの農家の方にどのように役に立つのかを突き詰めたい。そして、自分は彼らにどんな価値を提供できるか、挑戦してみたい。そんな想いがあって、渡邉さんは留職プログラムに自ら手を挙げたのだった。僕は選考面接の場で渡邉さんの内に秘めた熱い志を聞き、胸が熱くなった。

僕たちは、渡邉さんの持つスキルと想いを勘案し、インドネシアで農業関連の活動を行うIBD（Indonesia Bangun Desa）というNGOへと赴任していただくことに決めた。

このNGOが取り組んでいる課題は、少し単純化して語ってしまえば、農民たちの収入向上による地域おこしだ。そんなNGOが食品メーカーの研究者である渡邉さんに依頼したのは、「農作物を加工して新商品を開発する」という業務だった。

村落部の農家が作っている農作物は、そのまま売るとあまり多くの収入は期待できない。だが、農作物を加工してから売ることができれば、農家の収入を大きく向上させることができる。そんな新たな加工品を形にするというのが、渡邉さんが3カ月間にわたって格闘することになる現地業務中のミッションとなった。

さまざまな不安を抱えながらも、意気揚々と現地に旅立っていった渡邉さん。

しかし、いざ現地に行くと、彼の目の前には想像もしていなかったような数々の困難が待ち受けていた。

最初にぶち当たった壁は、「根本的すぎる環境の違い」だった。

事前に聞いていた話では、現地には「研究所」があるので、そこで加工品の研究をしてほしいとのことだった。ところが実際に現地に行ってみると、そこにあったのは一般家庭の台所。設備としては、鍋とコンロ、それからまな板と包丁くらいだった。ここが「研究所」だったわけだ。

当然のように、渡邉さんは呆然とする。

そして、それでも作業をしようとして、はたと気づく。

「……うちの会社には、なんでもあったんだな」と。

設備も整っておらず、判断を仰ぐことのできる上司もいない環境で、自分がいかに何もできないのか。そのことに、打ちのめされたのだ。

結局、渡邉さんはほとんど何もすることができずに1カ月間が過ぎた。

そして、追い打ちをかけるように、今度はお腹を壊して寝込んでしまう。

ところが、この災難をきっかけに、幸運な出来事があった。

「これを食べると腹がよくなるぞ」

渡邉さんを心配した同僚が、現地の特産品であるグアバの葉っぱの部分を差し出してきて、その地方に伝わる民間療法を教えてくれた。

そのことに着想を得た渡邉さんは、さっそくグアバの葉っぱの成分について分析をすることにした。もはやその段階では背に腹は代えられない状況になっていて、出張でインドネシアに来ていた上司に頼み込み、グアバの葉っぱの成分を日本の研究設備で調べることを依頼した。入社して10年目、これほど切実に上司に何かを依頼したのは初めてだった。

「グアバの葉っぱの部分には、人体にプラスの影響を及ぼす成分が含まれている」

そんな嬉しい分析結果が日本の研究所から届いたのは、数日後のことだった。心の中でガッツポーズをした渡邉さんは、その結果を受けて、そこからさらに悪戦苦闘を繰り返した。来る日も来る日も、早朝から夜遅くまで、ひたすらに「研究所」の台所に立ち続けた。

そして、3カ月の活動期間のうちに、なんと彼は2つのまったく新しい製品を完成させる。グアバの葉っぱの部分を使ったリーフティーと、実の部分を使ったドレッシングだ。デザインが得意な現地NGOの同僚に頼み込んで商品パッケージも製作し、素敵なパッケージの製品が誕生したのだった。


村人たちは、それまで掃いて捨てていたグアバの葉っぱが新しい収入の手段になるということで、目を丸くしていた。NGOと現地の村人たちからの渡邉さんへの感謝は、それはそれは大きなものだった。

それだけではない。渡邉さんは、現地の人たちだけでこれらの加工品を作れるようにならなければ意味がないと、製造方法についてのワークショップを自ら企画し、開催することにした。このワークショップには村人たち数十人が参加して、渡邉さんのデモンストレーションに真剣に耳を傾けた。

実はつい先日、渡邉さんが帰国して1年以上が経ってから、クロスフィールズの職員がこの村を訪問した。するとそこでは、村人たちが自分たちだけで製作したグアバの加工品が、主力製品としてしっかりと販売されていたのだった。

渡邉さんも、ハウス食品の方々も、そしてクロスフィールズの職員一同も、この素晴らしい成果に大きな感動と興奮を覚えたのは言うまでもない。

「リーダーシップの旅」は、期待されることから始まる

この現地での経験は、渡邉さんに大きな変化をもたらした。

留職プログラムでは、出国前と帰国後に、関係者に対して報告を兼ねたプレゼンをしてもら

っている。渡邉さんの場合には、役員の方々に2回のプレゼンを行うことになったのだが、彼の立ち振る舞いは、その場に同席していた僕から見ても、まさに別人のようだった。

出発前のプレゼンでは、役員を前にして消え入りそうな声でボソボソと話をしていた渡邉さん。それが帰国後には、2つの商品サンプルを掲げて「この製品を3カ月間で現地で作ってきました」と胸を張って語っていた。

あまりの変化に、質疑応答で最初に役員の方から聞かれた質問は、「渡邉はいつから語尾をしっかりと話せるようになったんだ?」というものだったほどだ。

修羅場でやり遂げた成功体験とそこで得た自信とは、社内での立ち振る舞いまでも変えてしまうほどの力を持っているのだ。

「高い志を持って働く同僚たちとの出会いが、一番の刺激だったかもしれないですね」

帰国後の渡邉さんに、留職での経験で最も心に残っていることを聞いたときの答えだ。

現地のNGOで働く同僚たちは、代表も含めて全員が20~30代の若者たちで、みな渡邉さんと同世代か、あるいは年下だった。そんな人たちが、十分な設備も整っていない中で、自分たちの住んでいる地域、あるいはインドネシアという国をよくしていこうと、使命感を持って目を輝かせながら働いている。

その姿に、渡邉さんはただただ圧倒された。自分は、なんでも設備が揃っているような環境で働いていながら、何のために働いているかさえ忘れてしまっていた。渡邉さんは、一緒に働く同世代の同僚たちから、大いなる刺激を受けたのだった。

そして、そんな尊敬できる同僚たちから、切迫感を持った期待を受ける。

「Mr. Watanabe、おまえはすごい技術を持ってるんだろう。なんとかしてこの村の農業をよくしていきたいから、手を貸してほしい。あなたの技術だけが、唯一の頼みなんだ！」

しかも、この期待は、「ハウス食品」に対するものではなく、「渡邉さん」という個人に向けられたものだ。

「あなたがどうしても必要だ」

今まで受けたことのないような期待を、渡邉さんは背負うことになったのだ。

自分が心から尊敬する人たちからの、自分に向けられた全力での期待。

これこそが、「リーダーシップの旅」への一歩を踏み出す出発点となる。

大切な人からの期待を受けると、人は本気にならざるをえない。

研究設備が整っていないだとか、自分は人を巻き込むのが苦手だとか、そんな言い訳は許されない。なんとか期待に応えようとすれば、覚悟を決めて一歩を踏み出さざるをえないのだ。

渡邉さんは、知らぬ間に、自分の限界を超えた挑戦を次々と始めていった。

渡邉さんのその姿勢は、気づけば現地の人々や会社の上司などさまざまな人たちを巻き込み、結果として、最高の成果を出した。そして、渡邉さんはその喜びを同僚たちと分かち合った。

期待に応えようと必死になって挑戦し、最後には成果を出して喜びを分かち合う。

そして、気づけば、自分は大きな成長を遂げている。

このプロセスこそが、留職の提供している「リーダーシップの旅」だ。

そしてもう1つ。プロジェクトの最後に、尊敬してやまない現地の素晴らしいリーダーたちと、現地で暮らす村人たちから、渡邉さんはこう言われる。

「Mr. Watanabe、ありがとう。あなたが来てくれて、本当によかった」

自分以外の誰かのために、自分の持てる力のすべてを使って限界を超えて全力で貢献し、それに対して心からの「ありがとう」を言われる。

このことは、自分の仕事と「社会とのつながり」を一瞬で取り戻してくれる。そして同時に、今の自分の仕事に対する「誇り」が生まれるのだ。

「自分のやっている仕事には大きな意味があるんだと、現地で再認識できました。日本でずっと働いているだけでは、『働く意義』をここまで考えることはなかったと思います」

この言葉を渡邉さんから聞いて、僕も僕で、心の底で大きなガッツポーズをしたのだった。

帰国後の渡邉さんは、特に異動や転籍になったわけではない。留職前と同じ職場で、留職に参加する前と同じ仕事に戻った。ただ、同じ業務をこなしていても、そこにはまるで別人のように働く渡邉さんがいる。

「誰かを巻き込んで仕事をすることが多くなった」と言う渡邉さんは、仕事を誰かに依頼するときには、自分が何のためにその作業を依頼しているのかを必ず伝えている。人を巻き込むには自分自身の意思を力強く伝えることが最も大事だと、インドネシアで学んだからだ。

その変化は、昔から渡邉さんのことを知る同期の社員たちも「なんだか歩き方まで、自信に満ち溢れている気がする」と言うほどだ。「社会とのつながり」によって働く意義を呼び覚ました渡邉さんは、目の前にある仕事を見事に「志事」へと変えつつあるのだ。

そして、渡邉さんの挑戦と成長は、ハウス食品で働く周囲の人たちにも変化を生んでいる。

帰国してからすでに1年以上が経って、渡邉さんは、彼の所属する研究所で働く社員にも大きなプラスの影響を与えていると、人事担当者は言う。同じ研究所で働く研究者がインドネシアで確かな成果を残したという事実は、「自分たちが持っている技術は、世界のために間違いなく役立っている」という社員たちの誇りにつながったのだという。

渡邉さんがインドネシアの「社会を変える現場」で残してきた成果と、そこから持ち帰ってきた情熱と誇りとが、ハウス食品という組織を少しずつ変えつつあるのだ。

オフィスの中で論議するだけでは、現場は決して動かない

2人目に紹介したいのが、NECの中央研究所から派遣された安川展之さん（当時29歳）という研究者の方だ。

安川さんは画像認識を専門に研究をしていた方で、2013年の7月から半年間にわたってインド北部で農村支援の活動を行うドリシテ（Drishtee）という現地企業に留職された。

ドリシテは、世界的にも注目を集める革新的な組織だ。設立から約10年で5000カ所以上の農村で事業を展開し、1万5000以上の小規模事業を立ち上げてきた。その実績は世界銀行などの国際的な機関からも表彰されているほどだ。

では、そのドリシテの主たる事業モデルとはどんなものか。一言で言えば、インド農村部の

小売店を流通面からサポートするというものだ。

発展途上国の農村部にある小規模な小売店は、地域の人々が生活必需品を買い求める拠点として重要な位置づけにあるが、流通システムに大きな課題があった。

小売店主たちは店を閉めて自分たちで都市部に行って商品を調達し、それを持ち帰って販売していた。個別調達で仕入れているため、移動コストがかさむ。そのため、商品を安い値段で売ることができない。貧しい農村部の人は、高い商品を気軽には買えない。ゆえに、農村部の人々には生活必需品が行き渡らない。そんな悪循環を抱えていたのだ。

そこで、ドリシテはそうした小売店をフランチャイズ化し、流通面の業務を一括して引き受けることで、小売店側の仕入れコストを下げるという事業を展開しているのだ。

これは一見すると小さなスケールの事業に聞こえるかもしれないが、実はインド13億人のうち9億人がこうした状況にいるわけで、ドリシテは今後有望な巨大市場に対する流通チャネルを担う存在になっている。ビジネス的なインパクトを考えても、ドリシテの活動は世界的に注目を浴びている取り組みなのだ。

安川さんが飛び込んだ「社会を変える現場」は、そんな革新的な事業を手がける組織だった。

現地に赴任した安川さんがドリシテ側から当初言い渡されたミッションは、「ＩＴを活用した流通システムの効率化」という漠然としたものだった。多岐にわたる商品を扱ううちに業務が複雑化していたため、なんとかその効率化を図ってほしいというのが、現地団体のニーズだった。

安川さんは、さっそくドリシテの職員たちと効率化に向けた議論をし、その結果をまとめて幹部へと提案した。だが、幹部スタッフの反応は悪くなかったものの、現地スタッフたちの反応はどこか今ひとつだった。

オフィスの中で議論するだけでは、現場は決して動かない。

そのことを痛感した。

現場で何が起こっているのか。とにかく足を使って、自分の目で現場を見て、現場の声なき声にも耳を傾けてみよう。

安川さんは、半年間の活動のうち最初の2カ月間は、流通を担うドライバーとともにトラックに乗り込み、さまざまな配達先を回ることに時間を使うことを決める。

すると、次第にドライバーたちとの距離も縮まって、彼らの仕事に対するボヤキも聞こえてくるようになった。草の根レベルでの問題が、クッキリと見えるようになっていった。

ドリシテのドライバーたちは、毎回手書きの伝票で店主とやり取りをしていた。「この石鹸を来週10個欲しい」などといった話を紙に書き留める作業をしながら、お店を回っていたのだ。

当然、時間もかかるし記入ミスもあるし、管理する作業も面倒だし大変だ。

そのため、配達業務でも欠品や在庫余りなども発生してしまい、小売店側にも怒られたりしている。ドライバーにもストレスがたまって、彼らは疲弊していたのだ。

そしてもう1つ、安川さんはあることに気づいた。ドリシテの事業モデルは、ドライバーの「人材の質」に大きく依存するものになっていた。運転技術もあって、文字も読めて、計算もできて受発注管理をすることができる人材しか、ドリシテはドライバーとして採用できずにいたのだ。識字率や教育レベルも高くないインド社会で、そのような優秀なドライバーを採用するのは至難の業だ。ドリシテは、そのために事業をなかなか拡大できずにいた。

現場にどっぷり入り込んだ聞き取り調査によって、安川さんは「本当の課題」が何かをつかんだのだった。

安川さんは、もともとのミッションの背景にある課題を捉え直し、「ドライバーが簡単に受発注の記録を入力できる簡易的な仕組みを作ること」を現地業務の具体的な目標とした。

そして、日本側でサポートしてくれるNECのほかのメンバーとも連携を取りながら、この課題を解決するためのソリューションの検討を始めた。最終的に行き着いたのは、NECが得意とするPOSシステムに近い受発注のシステムをタブレット端末で使えるようにした仕組みだった。

タブレット端末を使ったシステムであれば、ドライバーが簡単なタッチ操作で入力ができ、受発注のやり取りがドリシテの本部とも自動的に共有できる。

このことをドリシテ側に提案すると、彼らは即座に提案を受け入れ、パイロット地域で実際にシステムを試験的に使ってみることを決めた。

その後も安川さんはドライバーたちとの会話を通じて現場での試行錯誤を繰り返し、パイロット地域で展開することに成功したのだった。安川さんの作ったシステムは、本部の管理スタッフからも現場のドライバーたちからも、拍手喝采だった。

「ドライバーの業務が単純化されたことで、団体のさまざまな課題が解決されたわ。それに、これまで毎月3日間をかけて集計していた作業が、たった5分でできるようになったのよ」

ドリシテの代表のこの言葉が物語るように、安川さんは、団体の歴史を変えるレベルの革新的な効率化を成し遂げたのだ。

この団体は、その後、このプロジェクトをきっかけにタブレット端末に対する大規模な設備投資を行い、安川さんの作ったツールを全地域に展開するという動きも取っている。

そんな素晴らしい現地での貢献を果たした安川さんは、帰国後にも印象深い言葉の数々を残している。中でも特に僕の記憶に残っているものを、2つほど紹介したい。

「私たちはいったい誰に向かってビジネスをしていくのでしょうか?」

帰国後、安川さんは自分の所属する研究所で報告会を開いた。会場に集まった100人以上の聴衆に、安川さんはプロジェクトの成果とそこでの学びを熱く語った。話が終わると、インドに3年間駐在していたという方から、こんな質問が出た。

「安川くん、インドの人たちは約束を守らないから大変だっただろう」

その方の表情からは、「インドのヤツらは時間にルーズだから辟易している」ということが読み取れた。それに対して、安川さんは毅然とした態度で、こう回答した。

「たしかに、日本人の感覚からすればインド人は約束を破るように見えるかもしれません。しかし、インドでその感覚を共有できるのは、人口の0・1パーセント未満だと思います。99・9パーセントのインドの人々にとっては、それが当たり前のことなんです」

そして、安川さんは逆に質問した。

「NECは世界中に社会ソリューションを届けると謳っていますが、私たちはこれからいったい誰に向かってビジネスをしていくのでしょうか?」

あまりに切れ味の鋭い切り返しに、会場は唖然としているように僕には見えた。

留職プログラムで現地にどっぷりと浸かった方々は、たった数カ月の滞在かもしれないが、場合によっては駐在員の方よりも深い現地目線を獲得してしまう。現地の組織の中に入り込んで働くことで、現地の人々が何を考えていて、どんなニーズを持っているかが肌感覚でわかるようになるのだ。

私たちの仕事は、いったい誰の困りごとを解決するものなのか。

インドの「社会を変える現場」で「社会とのつながり」を肌で感じてきた安川さんの圧倒的な迫力を目の当たりにして、僕は胸が熱くなった。

「純粋で子供っぽい夢こそが、働くことの原動力になる」

「どうしてドリシテでは、スタッフのみんながこんなにイキイキと働いているのか?」

安川さんは、ドリシテという「社会を変える現場」で働く職員たちの仕事へのモチベーションの高さに驚かされるとともに、その理由が何なのかが気になって仕方がなかった。ある日、安川さんは一緒に働く20代後半くらいの同僚にストレートに「なぜこの組織で働いているのか」と単刀直入に尋ねてみた。すると、返ってきた答えは拍子抜けするほどにピュアなものだった。

「僕は実家の母が作る家庭料理が大好きなんだ」

同僚は少しはにかんだような表情を浮かべながら続ける。

「母の料理のような、農村の良いものを、もっと多くの人に届けたいんだ。そうすれば、村の人たちも収入を得ることができるしね。それに、いつか母にはお店を出させてあげたい。だから僕は、この仕事をしているんだ」

正直、決して高尚な理由ではない。でも、なぜだか安川さんは、心底この理由に感激してしまった。

「自分はこれが好き」といったレベルの純粋で子供っぽい夢こそが、人が懸命に働く上での原動力になる。そのことに、ただただ心を打たれたのだ。

そして、その言葉を聞いて、安川さん自身も、かつて自分が持っていた「純粋で子供っぽい夢」を思い出したのだった。

安川さんはもともと、大学院で工学を学んでいた。日本の電機メーカーが創る家電製品に魅せられたからだった。しかし、安川さんの就職活動が始まる頃には景気は低迷、日本の電機メーカーは苦境に立たされていた。

そこで安川さんは、業界の中でも業績のよい企業に入ろうとした。そして見事第一志望の企業から内定をもらうことができた。だが、ふと尊敬する教授から昔言われた「ある言葉」を突然思い出す。

「俺は何のために教えているのか。苦境に陥った日本の電機メーカーに行って、そこを立て直す実力をつけるために、おまえを鍛えているんだ」

この言葉がどうしても引っかかった安川さんは、方針を転換。日本の伝統的なものづくり企業に入社することを選んだ。そして、日本の電機メーカーを変えて、「会社を変えるヒーローになる」という、純粋で子供っぽい夢をかなえることを、心に誓ったのだ。

しかし、社会人となって数年が経ち、安川さんはその夢をいつの間にかどこかにしまってしまっていた。ドリシテで働くインド人青年の純粋な想いを聞き、自らが仕事をすることの原点を思い出すことができたのだ。

帰国して間もなく、安川さんはクロスフィールズのオフィスを訪ねて現地での活動について報告してくれた。報告の内容は本当に素晴らしいものだったが、僕はスライドの最後のページに書かれていた「Thank you. I am ready」という言葉が気になった。僕はこの言葉に込めた意味、「何に対しての準備ができたのか」を尋ねた。すると安川さんは、覚悟を決めたような静かな表情で、こう言ってくれた。

「僕がNECを変えるヒーローになる。その準備ができたということです」

もちろん、安川さんのこれからの挑戦は決して平坦な道ではない。

「圧倒的な顧客視点」や「純粋で子供っぽい夢の大切さ」といったドリシテで学んだ働く姿勢をNECに逆輸入しようというのが、今安川さんが取り組んでいることだ。当然、こうした動きに対しては、周囲からは冷ややかな声も聞こえてくる。

「そんなの無理だよ。うちの会社には、堅い社内文化があるからさ」

「そういう風に熱くがんばっている人って、どこかで必ず潰されちゃうんだよね」

おそらく読者のみなさんの多くも、帰国して少し経ったら、こうした声に押されて、帰国直後の熱は次第に失われてしまうと感じるのではないかと思う。

だが、帰国してから2年半以上が経った今も、安川さんは必死にがんばり続けている。社内外でインドでの経験を伝える場を持ったり、仕事の中で「社会を変える現場」で学んだ考え方を自分なりに実践したりと、多くの壁にぶつかりながらも、必死に行動を起こし続けている。

〝You should be the change that you want to see in the world〟

(この世界に望む変化に、あなた自身がなりなさい)

安川さんの支えになっているのは、第6章でも紹介したマハトマ・ガンジーのこの言葉だという。インドの「社会を変える現場」での原体験は、この言葉とともに安川さんの胸に深く刻み込まれているのだ。

彼のような熱い想いを持った人の挑戦を応援し続けることが、クロスフィールズの役目だと思っている。僕自身としても、安川さんのような、志を持って必死にがんばる人を応援できているという実感にする瞬間こそが、クロスフィールズの仕事をやっている上で最も尊い瞬間であり、僕にとっての何よりの働く原動力だ。

「企業のリーダー育成」と「現地の課題解決」の二兎を追う

留職プログラムの最もユニークなところは、2つの成果を同時に達成する点にあると思っている。

1つ目は、社員を送り出す日本企業に対して「リーダー育成」をはじめとした成果を届けることだ。そしてもう1つの成果が、現地団体に対して、日本企業の持つビジネスの力を使って「課題解決に貢献する」ことだ。日本企業と現地団体の両者にとってのWin–Winを達成することでこそ、このプログラムは成り立っているのだ。

ある意味、都合よく「二兎を追う仕組み」と言えるかもしれない。

当初はこの2つの別々の成果をどうやって同時に追いかけていけばいいのか、僕たちも戸惑いながら活動をしていた。

リーダー育成ばかりを重視していると、現地での貢献がないがしろになってしまうのではないか。あるいは、現地貢献のほうに偏り過ぎて現地目線が強くなり過ぎると、人材育成の効果があまり発揮できないのではないか。そういった議論が続いていた。

だが、僕たちはあることに気づく。たしか創業3年が経った頃だった。これまでの全プロジェクトの成果の振り返りをしていたときに、当時、留職事業の統括責任者をしていた共同創業者の松島が、こんなことを口にした。

「これまでのプロジェクトの結果を見ると、リーダー育成と現地貢献の成果は、正比例の関係にあるんじゃないかな」

たしかにそうだった。

プロジェクトの結果が素晴らしく、現地に貢献できればできただけ、その人はリーダーとして成長していた。また、この人は大きくリーダーシップを伸ばしたと感じる人は、現地で信頼を得てしっかりとした成果を残していた人だった。

考えてみれば、当たり前のことかもしれない。渡邉さんや安川さんのプロジェクトでもわかるように、やはり現地団体にどれだけ貢献することができたかが、その人のリーダーとしての成長に大きく影響していくからだ。

このことに気づいてからは、僕たちはプログラムを実施するにあたって、「現地団体の課題解決に貢献すること」に注力して活動を行うことにしている。

留職プログラムの参加者の方々にも、「とにかく死ぬ気で、現地団体に最高の成果を残してきてほしい」とだけ伝えている。リーダーとしての成長は、目の前の誰かのために貢献すればするだけ、後からついてくるからだ。

若手からベテランへ。パナソニックで起こった「熱の伝播」

3つ目の事例として紹介したいのが、第5章でも取り上げた、パナソニックで実施した記念すべき第1号案件だ。この案件は、クロスフィールズとしても試行錯誤の中で実施したもので、さまざまな課題にぶつかりながら実施した思い出深いプロジェクトだ。

このプロジェクトの主人公は、第5章にも登場した、リフレッシュ休暇を使って留職に参加してくださった、パナソニックで事業プランナーとして働く山本尚明さん（当時33歳、入社10年目）という方だ。２０１２年2月、山本さんはベトナム中部の都市ダナンで活動するソーラー・サーブという現地企業で活動を始める。

派遣先の代表であるビックさんは、ベトナム戦争で難民としてタイにしばらく逃れていた人物だった。故郷に戻った彼はさまざまな社会問題に苦しむ人々を目にし、地域のために何かしなければと強く思ったという。特に目をつけたのは、調理環境の問題だった。

電気が通っていない地域の人たちは、薪を使って火を起こし、室内で調理していた。そのため有害な煙をまともに受け、目や気管支の病気に悩まされていた。同時に、薪に使う木が大量に必要になり、森林伐採による環境破壊も深刻な問題となっていた。

ビックさんは行動を起こす。

「ソーラークッカー」という太陽光を活用した調理器具があると知ると、インターネットで徹底的に調べ上げ、独学で製品化を成功させたのだ。以来彼は仲間たちとともに、10年以上にわたってソーラークッカーの製造・販売に取り組んできた。

彼の活動はベトナム国内でも大きな注目を集めていたが、小規模な工場で製造をしているため、製作コストがかかりすぎるという課題があった。そのため価格を下げることができず、せっかくのいい製品が、貧しい人たちにとって手の届かないものになっていた。

そこで、パナソニックの持つ「ものづくり」の力で、なんとかしてソーラークッカーの製造コストを削減する。そのことが、山本さんの約1カ月という非常に短い期間の留職でのミッションだった。

このプロジェクトに取り組むことは、パナソニックという企業にとっても意味のあることだった。東南アジアという成長著しい市場において、未来の顧客となる低所得者層がどのような生活を送っているかを知る絶好の機会になるからだ。さらに、家電メーカーが電気のないところで何ができるかという新たなチャレンジにもなる。

プロジェクトに取りかかろうとしたとき、パナソニック側からこんな提案を受けた。

「この経験を、派遣される山本だけの学びにとどめるのはもったいない。社内に、日本から山本の活動をサポートするチームを作りませんか。そのほうが、現地への貢献も大きくなると思うんです」

思ってもみない展開だった。たしかに、そのほうが現地へより貢献できるようになるし、会社側の学びも大きそうだ。僕たちは、その提案を即座に実行に移すことに決めた。

そして、経営企画・マーケティング・知財管理・広報など多様な専門性を持つ30代の社員4人からなる、「リモートチーム」が編成された。このメンバーたちは事前研修から山本さんと行動をともにし、現地活動の期間中も、フェイスブックやスカイプを使って日本からサポートすることになったのだ。

いよいよ現地業務が始まると、山本さんは活動初日から想像を超える苦労を経験することになった。言語の違いはもちろん、コミュニケーションの取り方、仕事の進め方も日本の常識がまったく通用しない。欲しいものがあっても、簡単には手に入らない。そして、時間は確実に過ぎていく。山本さんは、大きなストレスとプレッシャーと戦った。

改良しなければならないソーラークッカーは、そもそもビックさんたちが10年以上にわたって創意工夫を凝らした結晶だ。日本を代表するものづくり企業でキャリアを重ねてきたとはいえ、短期間で改善策を提示するのは不可能にも思えた。

そこで真価を発揮したのが、日本にいるリモートチームのメンバーたちだった。

現地で山本さんがぶつかった課題を日本にいるメンバーたちと共有し、スカイプで毎晩のように議論した。それでも解決できない問題は、プロジェクトに賛同する社員30人が参加するフェイスブックのページを立ち上げ、そこで解決策を募った。すると、さまざまな専門性を持つ参加者たちから、続々とアドバイスが寄せられてくる。

山本さんの留職は、部署の垣根を越え、いつの間にか会社をあげての大きなプロジェクトになっていった。

そして、プロジェクトも進み、留職の残り時間もあと1週間となった金曜日の夜。そろそろ試作品の製作に取りかからなければ間に合わないタイミングだったが、「部材の裁断方法」という、技術面でのどうしてもクリアできない問題が残っていた。山本さんも、リモートトチームのメンバーも頭を抱えていた。すると、リモートトチームメンバーの1人が切り出した。

「社内のどこかに、この問題を解決できる人がいるんじゃないか?」

メンバーの頭に浮かんだのは、社内でも有名なベテラン技師の名前だった。通常の仕事であれば、突然仕事を頼めるような相手ではない。しかし、もうほかに手段はない。

「この際、ぶつかってみるしかない。ダメもとだ」

金曜の夜21時という時間に、メンバーたちはおそるおそる内線で連絡を入れた。

すると、ほどなくして会議室に入ってきたのは、連絡した技師を含む4人のベテラン技師たちだった。彼らは若手社員の必死な様子に心を動かされ、「きみたち、若手だけでものづくりなんてけしからんぞ」と嬉しそうに言いながら、嬉々として議論に参加した。そして、そのまま深夜までぶっ通しで議論に付き合ってくれたのだった。

ベテラン技師4人は口々にアイデアを出し合いながら、会議室に置いてあった紙とセロハンテープを使い、なんとその場で模型をつくり始めた。

「よし、こうやって裁断すればコストは下がるぞ!」

そしてついに、コスト削減の解決策を編み出してしまったのだった。

若手メンバーたちは、ものづくり企業の底力を見せてくれた大先輩たちの姿に、ただただ目頭を熱くしたのだった。

ちなみに、実はこのときの打ち合わせの様子を写した写真が残っているのだが、僕はこの写真が大好きでたまらない。ベテラン技師たちが、それこそ目を輝かせながら、若者たちとともに、現地の人たちのために試行錯誤を重ねている様子が写っている。「社会とのつながり」を強烈に感じながら持てる力を発揮する人の姿というのは、本当に美しいものだと心から思う。

そして、ベテラン技師たちのアイデアからヒントを得た現地の山本さんは、その後も不眠不休で作業を続けた。そして、ついに最終日には、製作コストを理論上16パーセント削減できるという試作品を完成させたのだった。

現地の起業家の「地域をよくしたい」という熱が山本さんに伝わり、その熱が日本にいるメンバーたちを動かした。その動きは大きなうねりとなって社内のより多くの人たちを巻き込んでいき、ついにはベテラン技師たちにまで熱が伝播したのだった。

「社会を変える現場」での原体験

「社会を変える現場」での原体験がどういうものなのか、ここまで3つのストーリーをできるだけ具体的に紹介してきた。

留職での経験によって働く人が「社会とのつながり」を感じ、仕事を志事へと変えるきっかけをつかむ。そして、その変化は、働く人だけでなく、その人の周囲の人たちや会社を変えるエネルギーにもなっていく。

この章の冒頭でも書いたように、留職での原体験とは十人十色なもので、これを一般化することはなかなか難しい。だが、これまで100人の方の経験を見てきて、「社会を変える現場」の原体験がいったいどのようなものなのか、その主たる要素はわかってきたように感じる。

ここでは、「社会を変える現場での原体験」の重要な要素として、次の3つのポイントに絞って、改めて紹介したい。

1. 誰かの困りごとを解決するという、企業活動の原点に立ち返る原体験
2. Comfort Zoneを越えて挑戦し、最後までやり切る経験
3. 目指すべき方向性を自ら示し、異なる価値観の人々を巻き込んでいく経験

ここからは、これまで登場した3人以外の方々の留職でのエピソードも交えながら、この3つのポイントを1つずつ見ていきたい。

1. 誰かの困りごとを解決するという、企業活動の原点に立ち返る原体験

留職の経験の中でも最も大切だと考えているのは、「働くこと」や企業活動が社会にどのような価値を提供しているかについて、改めて気づくという部分である。

何人かの留職の参加者の方々の言葉を、改めて紹介したい。

日立製作所で大企業向けサーバーのハードウェア設計を行うエンジニアの増田周平さん（当時28歳）は、インドでソーラーライトを製造して無電化地域に販売する小さなベンチャー企業へと留職した。

増田さんは、自分の持つ技術力を駆使して現地でソーラーライトの改良に取り組んだ。活動が始まってまもなく、現地企業の代表から「まずはユーザーのいる無電化地域の現場を見てほしい」と声をかけられる。これまで営業活動にも同行したことのなかった増田さんは、エンジニアになってはじめて、製品を実際に必要としている人たちの生活を目の当たりにすることになる。

無電化地域の村で実際に時間を過ごしてみて、増田さんは夜になると本当に暗闇が訪れるということを体感する。無電化地域という場所のことをなんとなく頭では理解していたが、実際に経験してみるとまったく迫力が違った。

ナッツを削ることを生計の手段としているその村では、夜になると、村人たちは暗がりの中でその作業をすることを余儀なくされていた。そして、十分な明るさがないがために、ナイフで手を切ってしまい、血だらけになりながら作業を続ける老夫婦の姿を増田さんは目にした。

増田さんはハッとする。

無電化の村で暮らしている人々にとっての唯一の明かりとは、自分が改良に取り組んでいるソーラーライトの光なのだ。

これまで自分は製品の機能や性能のことだけを考えて、それを改良するということを誇りに思ってエンジニアとして仕事をしてきた。でも実は、技術というのは、そもそも人々の生活をより豊かにするために存在しているのだ。あの老夫婦が暗がりでも安心して作業をできるようにするために、自分の技術や製品が存在しているのだ。

そのことを、増田さんは思い知った。

「製品のことを性能や機能で語るのは、もうやめよう思います。これからは、どのように顧客の役に立つのか、社会のためになるのかで、製品のことを語っていこうと思います」

帰国後にそう語っていた増田さんの顔を見ていると、自分のエンジニアとしての仕事と「社会とのつながり」を強く感じて、以前にも増して日立製作所での自分の仕事に誇りを持っていることがありありと伝わってきた。

きっと増田さんは、日立製作所の中でこれからも素晴らしい「志事」をしていくのだと思うし、そのことを僕たちはこれからも全力で応援していきたい。


このポイントについては、第1号案件だったパナソニックの山本さんも、帰国後にとても素敵な言葉を残している。

「今のベトナムに、パナソニックが創業したときの景色が見えました」


ソーラークッカーという製品を作ることで、製品を売る側は収入を得ることができ、買う側も病気を心配せずに料理ができるようになる。そして社会からは病気も森林伐採も減っていく。

売り手よし、買い手よし、世間よし。

これは日本に古くから伝わる近江商人の「三方よし」の精神だ。これこそが日本企業のビジネスの原点であり、山本さんは、ベトナムの「社会を変える現場」で見た事業に松下幸之助さんの創業の精神に通ずるものを感じたのだ。

山本さんが帰国して真っ先にしたのは、パナソニックの社史を読み返すことだった。そして改めて、三方よしの精神があったからこそパナソニックという会社がこれまで成長を続けていることを思い知る。

会社の規模が大きくなった今はなかなか気づきにくいが、現在もパナソニックはこの精神の下、事業を進めていることを痛感した。自分の会社での仕事が顧客と社会とにどんな価値をもたらしていくかを、山本さんはベトナムの「社会を変える現場」で気づいたのだ。

「社会を変える現場」での原体験で感じる「働くこと」の価値とは、何か新しい発見というわけではない。むしろ、日本企業が本来持っている素晴らしい原点を再発見するという、そんなプロセスなのかもしれない。

2. Comfort Zoneを越えて挑戦し、最後までやり切る経験

「社会を変える現場」での原体験には、その人のリーダーシップを開花させるためのさまざまな要素が詰まっている。その1つが、「Comfort Zone（自分が心地よいと感じる領域）を越えて挑戦せざるをえない」ということだ。

これまで自分が働いていた環境とはまったく異なる場所に身を置き、多くの場合には、自分の技術や経験をそのまま活用するということもできない。そして、それにもかかわらず、短期間で目の前の人に対して結果を出すことからは逃げられない。そんな状況に追い込まれると、自分のComfort Zoneから一歩踏み出すことをせざるをえないのだ。

ハウス食品の渡邉さんは、これまで一人黙々と研究することを自分のスタイルにしてきた。だが、現地に行ってみると、自分一人の力でできることはあまりにも限られていた。そこで、自分が最も苦手としていた「周囲の人を巻き込む」ということに挑戦せざるをえなかった。その結果、見事に日本にいる自分の上司や、インドネシア人の同僚を巻き込んでいき、最終的に素晴らしい結果を出すことに成功したわけだ。

パナソニックの山本さんにも、留職から帰ってきて数年が経った頃に、留職によってどんな変化があったかを改めて尋ねたことがある。山本さんは、しばらく考え込んだ後にこんなことを話してくれた。

「最近上司によく言われるようになったのは『おまえ、失敗が増えたな』っていう言葉です」

失敗が増えた……。僕の顔が曇ったことを察した山本さん、笑顔でこう付け加えた。

「あ、でもこれは怒られているのではなくて、上司は嬉しそうにそう言ったんです」

いったいどういう意味なのか。

留職では自分の専門領域以外のことにも挑戦せざるをえなかったので、現地での活動は失敗の連続だった。ただ、そうした失敗の経験をしたことでこそ、自分自身が大きく成長したことを実感できたのだと山本さんは言う。

そして、帰国してオフィスに行って、自分が今取り組んでいるさまざまなプロジェクトを改めて眺めてみて、山本さんは愕然とする。その多くが、「自分ができること」だったのだ。

入社して10年、自分は「ある程度は仕事ができるようになった」と思っていたが、実は「自分ができること」ばかりを選んでミスを避けることがうまくなっていただけだった。無意識のうちに減点主義の評価を気にしてしまい、知らず知らずに失敗を避けるようになってしまっていたことに気づいたのだ。

考え方を改めた山本さんは、日本でもComfort Zoneを越えて仕事をしていこうと覚悟を決める。だからこそ、自分ができない仕事に挑戦して、「失敗が増えた」わけだ。そのことを上司に笑って見守られながら、山本さんは今も成長を続けているのだ。

3. 目指すべき方向性を自ら示し、異なる価値観の人々を巻き込んでいく経験

「社会を変える現場での原体験」の要素として最後に挙げたいのが、「目指すべき方向性を自ら示し、異なる価値観の人々を巻き込んでいかざるをえない」というポイントだ。

留職では、指示を与えてくれる上司はいないし、誰もゴールを設定してくれない。大組織での仕事は「はじめから課題が設定されている仕事」がほとんどだが、それとはまったく違うものだ。答えや道筋が見えていない状態の中で、自らの意思でゴールを設定して、そのゴールをただただ信じてやり抜いていくしかないのだ。

また、留職では自分一人だけで活動をしていても成果は上がらないし、本当の意味で現地に

成果を残すことはできない。異国の地で、文化も価値観も異なる人を巻き込まざるをえないのだ。組織を離れ、名刺の力や企業名といった権威にもまったく頼れない中で、身ひとつになって周囲の人たちを巻き込みながら活動を行っていくという修羅場から逃れられないのだ。

NECの安川さんは、最初に団体幹部と合意できた自らの提案を、現場スタッフからの反応を受けて、自分の意思で覆した。そして、とにかく現場スタッフにとって意義のある活動をしようと、自らトラックに乗り込み続けた。団体の抱える本当の課題を、誰よりも考え抜くことで、現地の同僚たちから確かな信頼を勝ち取っていった。そして最後には、関係者の期待値を大きく上回る素晴らしい成果を残した。

自らの信じるゴールを設定し、それに向かって現地の人たちを巻き込んで大きな成果を上げる。インド農村部でのこの成功体験がどれほどの成長につながるかは、想像に難くない。

もう1人、パナソニックから派遣された別の参加者の方の話を紹介したい。

人事職としてパナソニックで働く青木滋紀さん（当時31歳）は、貧困層の人々を雇用して運営するベトナムのカフェを経営する企業へと3カ月間にわたって留職した。

人事領域の専門家である青木さんは、人事制度の改善を依頼された。「お客様、従業員、地域コミュニティの暮らしを豊かにすること」という団体のミッションを、150人いる全スタッフのDNAとして浸透させることを、青木さんは目標として設定した。

だが、当然のことながら、文化も価値観も違う環境でミッションの浸透について活躍することは容易ではない。

いざ職場を観察していると、そもそも仕事をサボっているスタッフが多かったり、スタッフの間でコミュニケーションがまったく足りていなかったりと、ミッション以前の問題が山積していることに気づかされる。

青木さんは、頭を抱えた。こんな状況で、大企業でやっている人事制度を導入しても効果は期待できないし、日本の価値観で物事を捉えても仕方がない。

悩んだ末に、青木さんは自分の業務時間の半分をカフェのスタッフとして店頭に立つということを決める。そこで現地のスタッフたちの信頼を得ながら、現地スタッフたちの考え方を知り、受け入れ、その中で自分にできることをひたすら考えることにしたのだ。

その結果、青木さんが実践したのは、大規模な人事制度の改変ではなかった。

最終的に、スタッフの状況を見ながら、彼らに受け入れられやすい小さな改革を積み上げていくことにしたのだ。

スタッフ同士がお互いの考え方を話し合う場がないという状況を見れば、朝礼を始めてスタッフ同士のコミュニケーションの場をつくった。また、そもそもカフェの顧客開拓が必要だという声を聞けば、自分の専門領域ではなくても、スタッフとともに必死になってプロモーション活動を考えた。

未熟なアイデアだと思っても、考えてはすぐに実行した。

効果があるものは続け、効果のないものは取りやめた。

もともと慎重に物事を進めるタイプだった青木さんにとっては大きな挑戦だったが、「迷っても、とにかく勇気を持って決断しようと腹を決めていた」のだと言う。「そもそも異文化の中での活動では、何が正解なのかはわからない。だからこそ、とにかくまずは試すことが必要だった」と青木さんは振り返る。

最終報告会の場で投げかけられた「きみの考えるリーダーシップとは何か？」という質問に対して、青木さんは「リーダーシップとは、理想を現実に変えるべく働きかける力」であると力強く答えた。

自分が信じる理想をとにかく掲げ、あるべき姿を思い浮かべ、ただひたすらに周囲を巻き込んで行動を起こしていく。

ベトナムの「社会を変える現場」で身につけたそんなリーダーシップを武器にして、青木さんがパナソニックという組織を自分の考える「理想の組織」に少しでも近づけていくことを、僕は心から願ってやまない。

column

留職プログラムの仕組み。「辞めない青年海外協力隊」を設計する

留職プログラムの体験談などを紹介すると、「これだけの原体験を積むと、会社を辞めてしまうのでは?」とよく聞かれる。実際、僕の参加していた青年海外協力隊にも、企業を休職して現職で参加していた人もいたが、その多くは、帰国してすぐ、あるいは数年のうちに会社を辞めてしまっていた。MBAプログラムの社費派遣で起こっていることと同じような現象だ。

青年海外協力隊の経験者がなぜ会社を辞めてしまうのか、僕はその要因を徹底的に分析した。そして、その分析を踏まえて「辞めない青年海外協力隊」として設計したのが、留職プログラムだ。この章で紹介してきたように、会社を辞めないだけでなく、むしろ「今の会社で働くこと」に対するモチベーションを高めて帰国することが実現できているのはそのためだ。

正直にお話しすると、留職プログラムの参加者でも、5%程度の人がプログラム後に会社を退職している。だが、この数字は青年海外協力隊やMBAなどと比べれば圧倒的に少ない。専門家によれば、20代後半〜30代の一般的な退職率以下の数字なのだという。

では、いったいどうやって「辞めない青年海外協力隊」の仕組みを構築したのか。2つのポイントを紹介したい。

まず1つ目は、「適切な団体とのマッチングと業務設計」だ。僕たちはランダムに派遣先を決めるわけではなく、各企業にとって、さらに言えば、参加者の方1人1人にとって最適な団体を、1件1件オーダーメイドで設計している。参加する方のスキルやキャリア

の方向性、あるいは、その会社が向かう方向性を踏まえて、団体と業務内容を調整していくのだ。

現地でしっかり貢献するとともに、参加者が帰国後に本業と接続しやすい学びと気づきを持ち帰るためには、適切なマッチングが極めて重要だ。外部の刺激も、それが闇雲なものでは、帰国後に経験が何の役にも立たずに参加者が苦しむだけだ。

もう1つは、「徹底した参加者への動機付け」である。クロスフィールズでは専属のプロジェクトマネージャーが各参加者の担当となり、面接から事後研修までを伴走するという仕組みになっている。

このプログラムを運営している意義を参加者にも伝えた上で、出発前の事前研修では、参加者が何を目的として、何を本業に持ち帰るのかを明確にしていく。プロジェクトマネージャーは「そもそもなぜこの会社に入ったのか?」、「これからこの会社で、これからの人生で、いったい何を成し遂げたいのか?」といった質問を何度も投げかけながら、参加者の内省を促していく。

現地での活動が始まってからも、企業での本業と参加者との関係は決して断たない。

プロジェクトマネージャーは、週1回、60分程度のビデオ会議でコーチングを行って、参加者の業務の状況や学びを把握する。ここでも「先週はすごい経験をしたんですね。それで、その経験は会社に帰ってからどういう風に活かせそうですか?」といった質問を投げかけ、会社での仕事と現地での経験との「つながり」を切らないようにしているのだ。

目的意識の明確化と、その目的意識の参加者への落とし込み。そして、活動での学びの本業へのひもづけ。それが「辞めない青年協力隊」の2つ目のポイントだ。

外部からの強力な刺激を受けた社員を辞めさせず、その刺激を、組織としてうまく吸収していくためには、このようなきめ細かい設計とサポートを行うことが鉄則だと僕たちは考えている。

第8章

今この場所を「社会を変える現場」にする

ビジネスと社会とのつながりの先にあるもの

この章では、「社会を変える現場」での志事の流儀から、ビジネスパーソンが今どんなことを学べるのかを、改めて整理してお伝えしたい。また、留職で生まれた「熱狂」がどのように広がりを見せているのかを紹介するとともに、「社会を変える現場」とビジネスの世界が近づいていることもお伝えしたい。そして、そんな時代に働く人には何が求められているかを書いていく。

ビジネスパーソンが「社会を変える現場」から学べること

ここまで、僕自身が青年海外協力隊という「社会を変える現場」で奮闘した経験、クロスフィールズという「社会を変える現場」を仲間たちとともに立ち上げてきたプロセス、そして、留職プログラムの参加者たちが新興国の「社会を変える現場」で経験してきた体験談を紹介してきた。これらを通じて、「社会を変える現場」の持つ強烈なエネルギーを僕なりに伝えてきたつもりだ。

熱い想いと情熱を持ったリーダーたちが、十分なリソースがないという状況をも言い訳にせず、まだ世の中で解決策が提示されていないような難しい社会課題に対して真っ向から取り組んでいる。そんな「社会を変える現場」には、多くの日本企業がかつて持っていた、企業活動の原点とも呼べるような働き方の流儀があるのではないかと僕は思っている。

何度も書いているが、僕は企業に対して「金儲けばかり考えずに社会貢献すべき」だと伝えたいわけではない。ましてや、読者のみなさんに「NPOに転職しなさい」だとか「誰でも彼でも留職に行くべき」と単純にすすめているわけではない。そうではなく、「働く意義」について見つめ直すためのさまざまなヒントに溢れている「社会を変える現場」から、仕事を志事に変えるための何かを感じ取ってもらいたいのだ。

ここでは、ビジネスパーソンがどのようなことを学べるのかという観点に立って、「社会を変える現場」での志事の流儀を、3つのポイントに絞って改めて紹介したい。

ぜひ、読者のみなさんの今の仕事でどう活かせるかということを考えながら、読み進めてもらえればと思う。

志事の流儀1．大義を掲げ、その実現のために挑戦を続ける執念

「社会を変える現場」での志事の流儀として第一に挙げたいのが、大義を掲げて働くことだ。「自分たちは世界をこんな場所に変えていきたい」というビジョンや、「目の前で困っている人たちの抱えている問題をなんとかして解決したい」といった強い想いこそが、この現場で働くことのすべての根本である。

事業を進めていく中で、時に迷ったり、さまざまな高い壁にぶつかったりしても、自らが掲げる大義から決して逃げることなく愚直に挑戦を続けることが、「社会を変える現場」で働く人たちに共通している姿勢だ。

留職プログラムの参加者が「社会とのつながり」を感じて仕事を志事に変えていくプロセスにおいても、そのきっかけとなるのは、地域や国を変えるという大義を力強く掲げて働くリーダーの迫力や、青臭い夢の実現のために全力で働いている人たちの姿だ。

「社会を変える現場」での志事においては、自分たちが目指す「あるべき世界」に近づいているかがすべてである。もちろん事業や組織の規模が成長していくこと自体も大切だが、それ自体は手段であって、目的ではない。

事業が収益を上げていても、そのことが社会を変えることに寄与できていないことに気づけば、「社会を変える現場」のリーダーたちは、間違いなく事業の方向性を大きく変えていく。目先の業績を追いかけているだけでは社会は変わらないし、一緒に働く仲間たちも「働く意義」を見失ってしまい、組織として力を発揮できないことを知っているからだ。

こうした「本当に社会を変えてみせる」という異常なまでの執念と迫力こそが、この現場の持つ圧倒的な熱量と働く人のエネルギーにつながっているのだと僕は思う。

読者のみなさんは、今目の前にある仕事に対して大義を感じられているだろうか。

自分にとっての大義が明確な人、おぼろげな人、また、そんなもの感じないという人など、きっといろいろな人がいるかと思う。そもそも、自分の仕事に大義などないと考えている人もいるかもしれない。

ただ僕は、その仕事が誰かのニーズに応えて価値を提供しているものである限り、どんな仕事にも意義があると信じている。そして、そこに大義を感じるかどうかというのは、働く人の側にそれを感じる力やに想像力があるかどうかの問題だと考えている。

ぜひ、あなたの仕事が誰の「ありがとう」につながっているかをイメージしてほしい。

また、今あなたの目の前にある仕事が、遠い将来の世界に生きるあなたの子供や孫にとってどんな意味を持っているかに、思いを馳せてみてほしい。

どんなに小さいことでもいい。きっと、何かが見つけられるはずだ。

そして、そこでなんらかのあなたにとっての大義を見出すことができたのだとしたら、とにかくそれを大切にしてほしい。その大義にこだわり続けながら、一つひとつの業務にあたってほしい。そうすれば、きっと自分の仕事に対する誇りが生まれ、体の内側から働くことに対するエネルギーと情熱が湧き上がってくるはずだ。

志事の流儀2. リソースがないがゆえの、「想い」の力をテコにする青黒い戦略性

「社会を変える現場」には、往々にして十分なリソースがない。一般的な民間企業に比べれば、ヒトもモノもカネも十分でなく、実績や社会的信用もほとんどない。

ただ、こうした状況をネガティブに捉えるのではなく、むしろプラスに考えていくのが「社会を変える現場」での志事の流儀だ。

自分たちがやるべきことに対して人手が圧倒的に足りていないことは、「自分がやらなければ

ば何も始まっていかない」という責任感を組織に生んでいく。これにより、組織で働く一人ひとりが圧倒的な当事者意識を持ち、組織の活力が高まっていくのだ。

また、組織や活動の規模が小さいことには、活動やプロジェクトの全体像がイメージしやすいという利点がある。全体の中での自分の役割が明確に認識できると、働く人たちは使命感とともに「働く意義」を明確に感じることができていく。

リソースが少ない状況とは、働く人が当事者意識と使命感を感じ、リーダーシップを発揮しやすい職場環境だとも捉えることができるのだ。

そしてさらに重要なのは、リソースがないがゆえに、知恵と戦略性を生む必要があるということだ。リソースが十分でない中で大きな結果を出さなければいけない状況は、あらゆるものを活用しながら総力戦で戦っていく姿勢を育んでいく。

想いや情熱といった青臭さをベースにしたエネルギーはもちろんのこと、根回しなども怠らずに策略的にうまく立ち回りながらさまざまな人たちを巻き込んでいく。そんな健全な腹黒さも兼ね備えた「青黒さ」を発揮することが、「社会を変える現場」では求められる。

クロスフィールズが大きな組織を動かし、大企業に留職の導入を働きかけることに成功してきたのも、リソースが限られているがゆえに知恵を絞らざるをえなかったからだ。潤沢な資金や営業人員がいれば、「チャンピオン」を活用するなどという戦略は取る必要がないし、また、そんな発想も浮かばなかっただろう。

リソースがないからこそ、「想い」の力をテコにして巨大な岩を動かしていく。

これが、「社会を変える現場」ならではの青黒い戦略性なのだ。


読者のみなさんの場合はどうだろうか。特に大きな組織に勤めている人たちは、さまざまなリソースがあるがゆえに全体観を見失ってしまってはいないだろうか。

自分の関わっている事業がどんなプロセスで動いていて、最終的にはどんな価値を社会に届けているのか。また、その中で自分はどんな役割を果たしているのか。

そんなことに改めて意識を向けてみることが、あなたの当事者意識と使命感を呼び覚ましてくれるはずだ。

また、実は大企業の中でも、何か新しいプロジェクトを始めるなどの挑戦をすると、はじめは周囲の応援を得られずに「リソースがない」状態を味わうこともあるかもしれない。そうしたときには、ぜひその状況を悲観したりせずに、前向きに捉えてほしい。そして、想いの力をテコにした青黒い戦略性で、ぜひその状況を突破していってもらいたい。

志事の流儀3．「日々の仕事が持つ価値に対する確信」が生む、仕事への情熱と職場の熱狂

最後にお伝えしたいのは、「社会とのつながり」を感じることによる、仕事に対する圧倒的

な誇りや情熱と、それが周囲に伝播することによって生まれる職場の「熱狂」だ。

「社会を変える現場」で働く人たちは、多くの場合、誰かが抱えている社会課題に直接的に向き合っていて、目の前に価値を届ける相手がいる。それが故に、必然的に自分の仕事の結果が誰かの役に立っていると感じていて、社会に対して意義のある活動をしているということに対する疑問がない。

「自分」と「仕事」と「社会」とが、一本の太い線でつながっていて、自分の仕事が持つ価値や大義に対して揺るぎない確信を持っている。そのことが、自分の目の前の仕事に対する圧倒的な誇りと情熱を生んでいるのだ。

そして、この仕事に対する誇りや情熱というのは、周囲の人たちにも伝播していく。多くの場合、「社会を変える現場」での挑戦は、最初に大義を掲げたリーダーの孤独な戦いから始まる。だが、そのリーダーが発する熱量は次第に周囲を巻き込んでいき、共鳴した仲間を集め始める。そして、その熱はどんどんと広がり、周囲の人たちや社会全体に対して大きな「熱狂」のうねりを生んでいくのだ。


今目の前にある仕事と「社会とのつながり」を感じ、そこに自らが熱を込めていく。それができれば、その熱は周囲にも伝播していき、職場に熱狂を生んでいくのだ。

一般の民間企業でも「社会を変える現場」でも、仕事というものの根本は変わらない。ぜひ、あなたが提供している製品やサービスを使う人たちの声を、価値を届ける相手の声を、真正面から聞いてほしい。そして、自分の仕事と「社会とのつながり」を感じ、働くことに対して想いと情熱を持ってほしい。

もし目の前にそうした相手がいなくても、あなたが最終的に価値を届けている現場まで足を運んで、そこで生の声を聞いたり、自分の仕事の価値を想像したりしてほしい。非効率に思えるかもしれないが、そのことによって生まれる熱と職場の熱狂を目の当たりにすれば、この遠回りには計りしれない価値があることに気づいてもらえるはずだ。

社内に生まれた「熱狂」は今も続く

自分の仕事と「社会とのつながり」を感じ、仕事を「志事」に変える人たちが増えていくと、その先にはどんな未来が待っているのか。また、「社会を変える現場」での流儀を身につけたビジネスパーソンたちは、どんなことを起こしていくのか。

実は今、最初の留職から4年以上のお付き合いをさせていただいているパナソニックで、その予兆ともいえる素晴らしい動きが起き始めているので、そのことを紹介させてもらいたい。

パナソニックでは、第1号だった山本さんの後にも留職に参加する方々が続いていて、その数は20名に達している。リモートチームのメンバーなど、これまでクロスフィールズの活動で接点を持たせていただいた社員の方々も加えれば、すでに100人以上の社員の方々が「社会を変える現場」での何かしらの原体験を共有していることになる。

同じ会社の中に、「社会を変える現場」を経験した人が100人もいるのだ。

そして今、この100人の社員の方々は、ある種のコミュニティとして社内で機能している。第3章で書いたように、コミュニティの持つ力は絶大だ。彼らは自主的に勉強会を開いたり、互いに刺激を与え合ったりして、互いの熱を保つための活動を行っている。このコミュニティで新しい熱が生まれ続けることで、刺激を受けた人たちが元の職場に戻ってからも熱量を落とさず、むしろ熱量を増すことができているのだ。

このコミュニティが持つ熱量を、直に体感させてもらったことがある。

パナソニックのCSR部の責任者として僕たちクロスフィールズの活動を導入する最終判断をしてくださり、その後も責任者として活動を見守ってくださっていたのが、現在はパナソニックで2人目の女性役員として社内外で活躍されている小川理子さんだ。

彼女が新ポストに異動することが決まったとき、この100人のコミュニティをあげて小川さんの送り出し会が開催された。光栄にも僕もお声がけいただいたのだが、そのときの会の熱量が、とにかくすごかった。

留職をはじめとした「社会を変える現場」での経験を持つ社員たちが、その経験が今の自分の仕事にどんな影響を与えたのかを語り合うとともに、その経験を基に今どんな挑戦をしているのかを共有し合った。そして、そんな経験を提供してくれた小川さんに対し、それぞれの人が溢れんばかりの感謝の気持ちを伝えていた。

その会の最後、小川さんはこんなスピーチをされた。


「ここに集まっている同志たちの絆と、心のつながりを宝にしていきましょう。5年後、10年後のパナソニックを支える、創業者・松下幸之助が目指したような、胸を張って社会に貢献できる事業をこの仲間で一緒に作っていきましょう。志と情熱があれば、必ず人は動かせるし、会社のお金だって動かせます。みなさんで、恐れずに挑戦していきましょう」


このスピーチとその場の熱量、そこで味わった感動を、僕は一生忘れない。

コンパスポイントにいるときに感じるのとまったく同じ熱量を、パナソニックという大企業の中で僕は感じていたのだ。そのことに気づいて、まるで夢の中にいるようだった。

「……こういう熱い話、会社の中ではなかなかできないんだよね」

思えば、コンパスポイントの仲間たちがそんな風に嘆いていたことが、クロスフィールズの活動を始めるきっかけだったわけだ。これだけの熱い想いを語り合い、互いに刺激を与え合えるコミュニティが大企業の中に生まれたということは、僕にとって何よりも嬉しいことだった。「社会を変える現場」での原体験を通じて、「社会とのつながり」を強烈に感じてきた人たちのコミュニティ。留職に参加した人たちの持ち帰ってきた熱量が、会社の中でさらなる熱狂を生み出している。

こんな熱い想いと志の連鎖を起こさせるコミュニティが企業の中に次々と生まれていけば、組織の風土も間違いなく変わっていき、もっともっと多くの働く人たちが仕事を志事と捉えて働くことのできる世界に近づいていくことができる。

僕はそのことを、小川さんとパナソニックのみなさんに教えてもらった。

「社会とのつながり」が生み出す新たなプロジェクト

職場に熱狂が起これば、そこからさらなる新しい価値が生まれていく。

なんとパナソニックでは、クロスフィールズとの協働がきっかけとなり、社会課題を解決するアイデアを実際に事業化する検討が進んでいるのだ。

パナソニックとは、留職だけでなく、社会課題解決ワークショップという、NPOと企業が一緒になって社会課題を解決するアイデアを考えていくプロジェクトも実施してきている。具体的には、新興国の現場で活動するNPOのスタッフを招いて話を聞き、理解を深めた上で、4、5人のチームで現地の社会課題を解決する事業プランを策定するというものだ。

ここで生まれた「飲料水の衛生状態を劇的に改善する、安価な家庭用浄水器」というアイデアを実際に事業化することができないか、パナソニック内で本格的に検討されているのだ。

仕掛け人となったのは岩橋友也さんという研究開発職の方だ。ワークショップに参加した岩橋さんは、インドの社会課題解決に取り組む方との対話を通じ、インドでは不衛生な飲料水の利用により毎年数十万人もの子供たちが亡くなっていることを知り、衝撃を受ける。そして、パナソニックの持つ特殊な技術でその課題を解決することを思いつき、ワークショップのなかで他の社員の方々とともに浄水器の事業アイデアにまで仕上げたのだ。

手応えを得た岩橋さんは、事業化を目指して動き始める。さまざまな人を巻き込みながらプロトタイプを作製し、素早く仮説検証を繰り返すことで周囲を説得していった。検証を行うための予算を獲得した岩橋さんは、作製したプロトタイプを持参してインドまで出向き、水質汚濁が最も深刻と言われるガンジス川の水の状態をも改善できるということを実証した。

事業化に向けた検討が本格化するなかで、岩橋さんは新興国経験が豊富な人材の助けが必要になった。そこで社内で白羽の矢が立ったのが、第一号の留職プログラム参加者の山本さんだった。山本さんは留職での経験を活かし、現地でのプロジェクトをサポートすることになったのだ。パナソニックの中で発した2つの情熱の炎が交わった瞬間だった。

その後も岩橋さんたちはさまざまな壁を突破し、なんと社長に直接プレゼンテーションをするという異例の機会を得るところまで漕ぎつけている。そして今この瞬間も、岩橋さんたちはこのチャレンジを成功させるべく動き続けている。

この浄水器のアイデアがパナソニックの中で今後どう展開していくのか、また、インドにおいてどこまで受け入れられるかは、まだまだ未知数だ。ぜひ、日本のものづくりの歴史をあっと言わせるような結果を残してもらいたい。

関係者によれば、パナソニックの中で有志の活動に予算がついて事業部が本格検討を行うのは「奇跡としか言いようのないこと」だったという。では、この奇跡を起こすことができた要因とは何だったのか。

「自分たちだけでやろうとしなかったことです」

岩橋さんたちは、そう口をそろえる。

アイデアの着想段階ではクロスフィールズと一緒に取り組み、その後も彼らはさまざまな社外のパートナーを巻き込みながらプロジェクトを進めていった。インドではNGOとともに実証実験を行うなど、企業やNGOといった垣根を超えて社外との協働を行った。そのことが、社内のリソースや常識にとらわれていたら突破が難しい局面を打開するうえでの、大きな成功要因になったのだという。

そして、もう一つ。何よりアイデアを提案した岩橋さん本人の本気度が、尋常ではなかった。僕もこのプロジェクトの過程で何度か岩橋さんとお話をさせていただいたが、「インドの衛生課題を解決できるこのプロジェクトに、僕の会社員人生を賭ける」とまで公言されていた。

自分持つ技術とノウハウを通して、何としてもインドの子どもたちの抱える問題を解決したい。究極の覚悟を決めた「強い想い」と大義とが、巨大な組織を、たしかに動かし始めているのだ。

スキルよりも感性と情熱を育てる時代

これまで「社会を変える現場」の志事の流儀からビジネスパーソンが学べることは多いと書いてきたが、実は今、「社会を変える現場」とビジネスの世界とは、急速に距離を近づけ始めている。

先ほど紹介したパナソニックの事例では、「社会を変える現場」が取り組む社会課題からの着想が、新たなビジネスへとつながろうとしていた。この事例に象徴されるように、企業が社会課題の解決に事業として本格的に取り組む動きが目立ってきているのだ（この点について、詳しくは第6章のコラムを参照してほしい）。

企業がビジネスの原点へと立ち戻って、「社会の困りごとを解決する」という切り口から今後の事業戦略を考えるという時代が、今まさに到来しているのだ。

では、読者のみなさんも含め、そのような新しい時代を生きるビジネスパーソンには、どのようなことが求められるだろうか。

僕は、何よりも働く人の感性と情熱を育てる姿勢こそが、個人にも組織にも求められていると強く感じている。

本書でも一貫してお伝えしてきたように、新しい価値を生み出すためのエネルギーの源とは、強い想いと情熱だ。そして、何かに対して強い想いと情熱を持つには、誰かの抱える困りごとに対して共感できるような、「瑞々しい感性」が必要だ。目先の利益のことばかりを考えて感性が鈍っていては、社会課題を何とかしたいという情熱は湧き上がってこないし、その先に大義を見つけることなどできないだろう。

今、「社会の課題を本業で解決することが我が社の今後の重要な戦略である」と、多くの企業が方向性を打ち出し始めている。しかし、どんな事業であっても、最後は必ず「人」が引っ張っていくもの。その当事者となる「働く人」が、社会の困りごとに対して共感する感性や、その困りごとを何とか解決しようとする情熱を持っていなければ、新しい価値など決して生まれないはずだ。

今こそ、感性と情熱とを大切に育てるべき時代なのだ。

ただ残念ながら、現実はそうはなっていない。今の日本社会では、スキルや能力を高めることにばかり注目が集まっていて、感性や情熱を育てる姿勢はあまりにも軽視されている。学校での教育現場でも、企業での人材育成の世界でも、英語力・ロジカルシンキング・資料作成力などといったスキル面の強化の重要性ばかりが叫ばれている。あるいは書店でビジネス書のラインナップを見ても、やはりスキル開発系のテーマばかりが人気を集めている。

だが、本来はスキルよりも先に、情熱を育てるべきではないだろうか。

そもそも情熱さえあれば、スキルは後からついてくる。青年海外協力隊のときのエピソードでも紹介したように、何かをしなければマズいという状況に追い込まれたり、どうしてもこれをやりたいという切迫感さえあれば、スキルは自然と身についていくものだ。むしろ何に情熱を傾けるかという目的意識が定まってからのほうが、スキルの習得は圧倒的に効率的だ。

あなた自身や、あなたの職場ではどうだろう。

日々の仕事に忙殺されて、そもそもそんなことは考えるヒマなどない、という状態になっていないだろうか。ただ闇雲に、スキル磨きにばかり時間と労力を使っていないだろうか。また、自分と「社会とのつながり」を見失って、学生時代に持っていたような感性や情熱をどこかにしまい込んではいないだろうか。

もしそうであれば、ぜひ視点を変えてみてほしい。

若手の方もベテランの方も、スキルよりも感性と情熱に焦点を当ててほしい。

どんどん会社の外に出て「社会とのつながり」を体感し、あなた自身の持つ感性を呼び覚ましてほしい。そして、その先に働くことに対する情熱を取り戻して、それを大切に育ててほしい。

「自分」と「仕事」と「社会」をつなげて働くことが大切だと、本書では繰り返し書いてきた。だが、その中でも一番大切なのは、やはり「自分」であり、あなた自身だ。

あなたが変われば、その変化は周囲へと影響し、あなたの所属する組織を変えていく。あなたの組織が変われば、他の組織もそれに追随して、やがては社会全体が変わっていく。

あなたが「自分」を変えて、その先にある「仕事」も「社会」も変えていく。

そんな変化に向けた一歩を、ぜひ踏み出してほしい。

column

これからの時代に求められるトライセクター・リーダーという存在

今、世界的な視野で見ても、日本国内の文脈で考えても、さまざまな社会課題が急増し、また、それぞれの課題が急速に多様化・複雑化している。

こうした状況において、行政や公的機関だけが課題を解決するという時代は終わりを迎えている。日本では、「社会課題の解決はお上の仕事」という認識があったが、行政の予算が大幅に削減されている中で、すべての課題を行政が対応するのは到底不可能になっている。

実際、介護や環境などといった分野を中心に、社会課題を解決する主体として民間企業がその役割を担うことも増えてきている。ただし、当然ながら企業というのは市場原理で動いているため、利益が確保できない領域には参入することはできない。

では、行政にも民間企業にも解決できない「取り残された社会課題」はどうするのか。そうした課題を解決する主体者として、今、NPOの活動に対して、かつてないほどの期待が集まっている。だが、これまでも本書で触れてきたように、NPOには行政や企業のような、ふんだんなリソースがあるわけではなく、単体で活動しているだけでは十分なインパクトを生むことは難しい。

そのため、昨今では行政（Public Sector）、企業（Business Sector）、NPO（Social Sector）という3つのセクターが速携して、社会課題を解決していくことが期待されるようになっている。トライセクター（「3つのセクター」という意味）がそれぞれの強みを活かして社会の課題を解決していく。今、国内外でそんなリーダーシップが求められているのだ。

各セクターがサイロにはまって動いても、複雑に絡み合った課題は解決できない。セクターをまたがる共通のビジョンを掲げ、それぞれが役割を果たしながら社会課題に対等する姿勢が必要となっている。

そして、こんな時代に注目されているのが、「トライセクター・リーダー」と呼ばれる人たちだ。複数のセクターで働いた経験を持ち、他のセクターに属する人たちの言葉や価値観を理解しながらリーダーシップを発揮できる人材こそが、今の時代に求められる人材なのだ。

2014年のハーバード・ビジネス・レビューでは、「トライセクター・リーダー：社会問題を解決する新たなキャリア」という特集が組まれ、世界的に活躍するトライセクター・リーダーたちが紹介された。

たとえば、マイクロソフトの経営者から慈善財団経営者に転じたビル・ゲイツ氏や、政治家から慈善活動家へ転身し、現在は企業顧問も掛け持ちしているアル・ゴア氏。また、世界銀行からフェイスブックCOOに転じて活躍するシェリル・サンドバーグ氏など。


セクターをまたがったキャリアを持つ人材こそが、時代を切り拓くような活躍をしている時代なのだ。

さまざまな社会課題の山積する日本は、「課題先進国」とも言われる。だが、こうしたトライセクター・リーダーたちが活躍して次々と社会課題を解決していくことができれば、社会課題を資産とする「課題先進国」の日本が、「課題解決先進国」として世界の国々にとってのリーダーになることもできるのだ。

日本でも、もっとセクターの垣根を超えた人材の行き来を活発にすることで、これからの日本社会の未来を切り拓くトライセクター・リーダーを育てていくべきではないだろうか。

おわりに

挑戦しないことが最大のリスク

見えない枠を打ち破って、組織から社会を変えていこう

この本を読んでくださった方に最後にお伝えしたいのは、これからの時代の主役は組織に所属して日々働いている人たちであり、この本を読んでいるあなた自身だということだ。

僕自身は「社会を変える現場」のことが大好きで、そこに大きな可能性を見出している。ただ、ここには想いや情熱はあっても、ふんだんなリソースがあるわけではない。特に日本社会においては、企業や行政機関などにこそ、あらゆるリソースが集中している。そうした豊富なリソースを動かすことができるのは、僕のような組織を辞めてしまった人間ではなく、そうした組織を内側から動かしていける人たちなのだ。

本書では、そんな組織で働く人たち、ないしは、これから働こうとする人たちにとって、仕事を「志事」にすることが重要であり、そのためには「社会を変える現場」での原体験こそが最も効果的だと書いてきた。

できれば読者のみなさんには、ぜひ何かしらの機会に「社会を変える現場」を経験してみてほしい。

プロボノやボランティアという形で、どこかのＮＰＯで「社会を変える現場」に活動に携わってみるのもいいかもしれない。自分の今働いている組織を離れて社会に接するという意味では、町内会や学校のＰＴＡでなんらかの役職に就くということも、社会の中での自分の役割を見直すきっかけになるかもしれない。

どんな形式でもいいし、どんな小さなアクションでもいい。ただ、この本を読んで何かしらを感じていただけた方には、ぜひ今の「自分の枠」や「組織の枠」を超えるような一歩を踏み出してほしいと切に思う。そして、その先に目の前の仕事と「社会とのつながり」を感じてほしい。そのことが、あなたの仕事を「志事」に変えて、想いと情熱を持って働くきっかけになっていくはずだ。

跳べなくなったノミが、再び跳べるようになるには

ある衝撃的な実験の映像がある。

昆虫のノミは体長2ミリ程度なのだが、実は30センチも跳ぶことができるという。高さ20センチほどの瓶にノミを大量に入れると、ノミたちは当然のように、その瓶からはみ出すジャンプを繰り返す。だが、瓶にフタをしてしばらく置いておくと、フタの存在があることにより、ノミたちは次第にフタのところまでしかジャンプをしなくなる。そして驚くべきことに、フタを外してみても、どのノミもフタの高さまでしかジャンプをしなくなり、瓶をはみ出してジャンプするノミはいなくなってしまうのだそうだ。

さらに恐ろしいのは、瓶の筒の部分を外してみると、ノミの集団はまるでそこに瓶があるかのように、瓶の形に沿うような高さでジャンプし続けるのだ。もうそこに瓶やフタは存在していないのに、「見えない枠」があるという思い込みによって、ノミたちは本来の力を失ってしまうのだ。

この瓶詰めのノミの実験は、僕にとっては、日本の組織とそこで働く人たちと重なって見える。

企業には、もともと多様な能力を持った人が集まってくる。そこで働く人は、多くの可能性を秘めている。しかし、一度フタをされてしまうと、企業の器以上のことができる人材はいなくなる。先輩や上司たちがリスクや失敗を恐れ、新しいことにチャレンジしなければ、若い人たちもそれでいいと思ってしまう。組織で働く人たちは、本当は存在しないはずの「見えない枠」を、自ら作り出してしまっているのではないだろうか。

実はこの実験には続きがある。

あることをすることで、この状況を劇的に変えることができるのだ。

答えはシンプルだ。普通に飛べるノミを1匹そこに入れ、そのノミが1回ピョンとジャンプをする。するとほかのノミたちも、「ああ、自分はそういえば跳べるんだ」と我に返る。そして、何事もなかったかのように、どのノミも元どおり30センチ跳び始めるのだ。

僕は、留職プログラムの参加者こそが、この変化を起こすノミだと思っている。

自分の会社を離れることで、自分が縛られていたあらゆる枠を越えて限界まで挑戦をして、そこで本来の力を取り戻し、さらなる成長をしてくる。そういう経験をしたノミがもう一度瓶の中に戻って、「見えない枠」を壊すことで、会社という瓶の中の状況を一変させていく。

そして、ゆくゆくは日本社会という大きな瓶のあり方をも変えていくと信じている。

この本を読んでくださった人たちも、ぜひ1匹目のノミとして何らかの形で組織の「見えない枠」を打ち破ってほしい。

挑戦しないことが最大のリスク

「せっかくいい大学を出て一流企業に勤めておいて、どうしてＮＰＯで起業するなんていうリスクを取れたんですか」

起業してからというもの、そんなことを聞かれることも多い。

それに対する僕の答えが、「挑戦しないことが最大のリスク」というものだ。

この言葉には、２つの意味を込めている。

誰でもいつか必ず人生が終わる日が来るものだが、その日に自分が後悔するということが、僕にとっては最大のリスクだと捉えている。

僕の場合、青年海外協力隊から帰ってきたときの飲み会で、同期が目の輝きを失っている状態にショックを受けて、その状況に怒りを覚え、何かをしなければという強い想いを持った。

もちろん、その想いにフタをして生きていくこともできたかもしれない。だが、想いにフタをして何もやらないまま死んでしまったら、「なぜ自分はなんの行動も起こさなかったのか」と猛烈に後悔するだろうと思うのだ。そして、そんな風に自分の人生を後悔することこそ、自分にとっては最大のリスクだと考えた。だから僕は、クロスフィールズという組織を立ち上げるという挑戦の道を選ぶことによって、後悔というリスクを回避しただけなのだ。

そして、もう1つの意味がある。

起業をしてからのこの5年間で実感しているのは、日本社会の流れや価値観は本当に大きく変化したということだ。

人々の価値観にしろ、社会貢献に対する考え方にしろ、テクノロジーにしろ、ありとあらゆることが様変わりしたといっても過言ではない。そして、その変化のスパンはこれからまたどんどん短くなっていくだろうと感じる。

そう考えてみると、今の常識というものは数年後の非常識になっていて、逆に言えば、今の非常識が数年後の常識になるような時代を、僕たちは生きているのだ。

そんな時代背景の中では、キャリアなどの大きな意思決定で迷って「これをやる」と周囲に伝えたときに、誰もが「いいね！」と応援するような選択肢は、むしろリスクが高い。

反対に、自分は「これだ！」と強く信じられるものの、それが周りからはなかなか理解や賛同を得られていないような選択肢にこそ、未来を切り拓く可能性があると思うのだ。

「青年海外協力隊に行くの？　留職に行くの？　何それ、大丈夫？」

それぐらいの反応が返ってくるような突拍子もない挑戦を選択したほうが、未来の常識を創れる可能性が高いのだ。それに何よりも、自分の意思で周囲が挑戦しないようなことに取り組むのは、大変ではあるものの、最高にやりがいのあることだ。

挑戦をすることのリスクが今ほど少ない時代はない。

そのことを、僕は声を大にしてみなさんに伝えたい。

無論、ここで言う挑戦とは、決して会社を辞めて起業をするということだけを指しているわけではない。そうではなく、どんなに小さなことだったとしても、自分にとってのComfort Zoneを出て、自分らしい挑戦に向けて一歩を踏み出すという意味だ。

自分が何か違和感を覚えたこと、こんなことをやってみたいと少しでも思ったこと。そんな風に自分のアンテナが反応したものに対して何かしらの行動を起こすこと。それがここで言う挑戦だ。

そして、誰かが始めた突拍子もない挑戦を応援してみるということも、立派な挑戦だ。

多くの人がそれぞれの持ち場で自分なりの挑戦を始め、互いの挑戦を応援し合うことができれば、きっと世の中はワクワクした場所に変わっていくはずだ。

ぜひ、この本を読んでくださった方々には、そんな自分なりの挑戦を始めてほしい。そして、そんなワクワクした世の中を一緒に創っていけたらと心から思っている。

特別謝辞　各務泰紀さんへ

僕がクロスフィールズを創業することを、誰よりも応援してくれていた先輩がいる。先輩の名前は、各務泰紀さん。僕よりも3歳年上だった彼は、血液のガンによる2年以上に及ぶ壮絶な闘病生活を経て、2011年の12月5日に亡くなった。僕が創業してから約半年が経った頃で、彼が31歳のときだった。

彼とは、大学1年生のときに部活を通じて知り合った。大学は違ったが、なぜか先輩と後輩のような関係になった。大学で建築を学んでいた彼は、大学を卒業後、当時黎明期だったシェアハウス関連の事業を立ち上げた。偶然にも僕がその初期のユーザーとなったことがきっかけで、さらに親交が深まっていった。

彼の起業した会社のオフィスと、当時僕が勤めていた会社がたまたま同じ駅だったこともあり、毎週月曜の早朝に、2人でコーヒーを飲みながら1時間くらいダラダラと話をするというのが僕たちの習慣になった。

彼は、いつも何かニヤニヤしながらおもしろいことを仕掛けているような人だった。また同時にとにかく優しい人で、周囲の人たちから誰もが羨むくらいに慕われていた。

僕とはぜんぜんタイプが違う人だったけれど、2人で話していると互いに脳ミソが刺激されて、いろいろなアイデアが沸き上がってきた。今思えば、この時期に彼と話しているときに出てきたたくさんのアイデアの1つが、クロスフィールズの事業の原型となるものだった。

そんな彼がガンで緊急入院したと知ったのは、僕が会社の研修でアメリカにいたときだった。僕は大きなショックを受けたが、同時に、「この人は、この困難を乗り越えて、将来スゴいことを成し遂げる運命なんだろうな」と直感的に思ったことを、今も鮮明に覚えている。

僕の直感は正しかったように思えた。彼の容態は奇跡的に回復し、僕が帰国する頃には、自転車で普通に外出をできるくらいになっていた。一緒に公園を散歩しながら、「元気になったらこんなことやりたいねん」と、無尽蔵に出てくるたくさんのアイデアを聞かせてもらったときには、「この人はとてつもない人物になるんだろうな」と心底思った。

僕がいよいよ起業に向けて動き始めようとしたときにも、ああでもないこうでもないと、一緒にいろいろと考えてくれた。また、「あの人には会っておいたほうがええ」と言っては、僕に本当にたくさんの人を紹介してくれた。そして、僕と会うたびに決まって「大地なら絶対うまくやれるでー」と、彼ならではの少し緩い口調で勇気づけてくれた。

2011年の2月頃。「明日の検査結果さえよければ、俺はついに普通の人間や」と嬉しそうに話す彼とその友人たちとともに、代々木にあるバーで最高に楽しい夜を過ごさせてもらった。

でもその翌日、彼は医者からガンの再発を告げられる。暗い闇の中で、ずっと希望を持ち続けて1年以上にわたってつらい治療をしてきた彼が再発を知ったときの心境を考えると、胸が張り裂けそうな思いだった。

ただ、このことは僕の背中を起業に向けてゆっくりと押してくれた気がした。「彼の分までやりたいことを思い切りやってみせる」という、そんな気持ちが自然と湧き上がってきた。

僕が起業を決心したことを告げると、彼はほかの誰よりも一番喜んでくれた。

その後も、僕がお見舞いに行くと、病気の話なんかはそっちのけで、僕の事業の話ばかりしてくれた。「この人と会ったらええ」とか「この本読んだら参考になるで」とか、多くのアドバイスをくれた。たぶん身体はボロボロだったのに、僕の気がすむまで、いろいろな話に付き合ってくれた。

そして、お見舞いの後には、決まって「大地がワクワクしてるときの顔を見ると、俺のほうまで幸せな気分になるよ。ありがとう」という、僕への励ましのメールをくれるのだった。

彼から教えてもらったことは数え切れない。でも、すごくシンプルに言うなら、「ワクワクする気持ちを大切にしろ」ということと、「信頼し合える仲間たちといつも一緒にいろ」という2つのことだった気がする。

僕はもともと目的主義的で、すぐに「べき」論を言ってしまうような人間だ。でも、彼が自然体で楽しそうに生きているのを見て、「ああ、こういう風に肩の力を抜いて自分がワクワクすることをすればいいんだ」と思えるようにもなった。

自分が掲げた目標を達成できるどうかは大切だし、そこに向けて事業や活動を進めていくことは、とても重要なことだ。でも、もしかしたらそれ以上に大切なのは、今日この日を、今この瞬間を、自分自身が心からワクワクした気持ちで過ごしていることなのかもしれない。

それから、仲間たちと一緒に過ごす時間の大切さも教わった。

彼はよく「無用の用」と言っていたが、おもしろい発想やアイデアというのは、用事がないのに仲間たちとただただ一緒にいる瞬間とかに浮かんでくるものだ。それに、そもそも、そうやって仲間たちと一緒にボケーッとしてること自体が、人生にとって最高に幸せなことなのだ。

彼が亡くなる5日前、おそらく彼が最も痛みで苦しんでいたときに送ってくれたメールが、彼から僕への最後のメッセージとなった。

「大地が楽しそうに仕事をしている姿を夢想すると元気が出るよ。

事業をワクワクするものに育ててあげて！　ファイト！」

各務さん、本当にありがとうございます。
これからも最高の仲間たちと、毎日をワクワク楽しみながらやっていきます。

この本を、僕の敬愛する各務泰紀に捧げる。

謝辞

この本を手に取り、こうして最後まで読んでくださった方に、まずもって御礼を申し上げたい。読者の方にとって、この本が何かしらの学びや気づきを得られるものであったということを心から願っている。

また、今回僕に出版というチャンスをくださり、執筆にあたって大変お世話になったダイヤモンド社の岩佐文夫さん・和田史子さん・新田匡央さんには、感謝しても感謝し切れない。特に和田さんには、3年間以上も辛抱強く出来の悪い僕の伴走をしていただき、もう一生頭が上がらないと覚悟している。

そして、これまでクロスフィールズの活動を支えてくださったすべての方々に、この場を借りて最大限の感謝の気持ちをお伝えしたい。

忙しい時間を使っていつも活動にコミットしてくださる理事・監事・アドバイザーのみなさん。創業期から多大なるサポートをいただいているＥＴＩＣ．やソーシャルベンチャー・パートナーズ東京のみなさん。それから、どんな時でも力強く応援をしてくれている、コンパスポイントの仲間たち。そして、金銭面を含めて、今日までの活動をサポートしてくださっている正会員と賛助会員の方々。みなさんがいなければ、5周年という節目の年を僕たちが迎えられることは決してなかった。

パートナー企業の方々と、留職プログラムをはじめとしたクロスフィールズの活動に参加してくださったみなさんにも、改めて感謝の気持ちを伝えたい。これからもパートナーとして、同志として、一緒に世の中を少しでもよい方向に進めていかせていただければと願っている。

そして誰よりも、クロスフィールズの活動を一緒に創ってきた最高のチームの仲間たちへ。自分の未熟さのせいで、みんなには迷惑ばかりかけてきた。ただ、それでもここまで来ることができたのは、楽しいときも苦しいときもチームのみんなと一緒に走ってこれたからだと心底思っている。

松島由佳、田口陽子、三ツ井稔恵、田中舞、中山慎太郎、久米澤咲季、西川理菜、井ノ口孝明、関恵理子、一門真由美、原田悠子、北川智子、米谷浩佑。いつも本当にありがとう。これからも「未来を切り拓く先駆者」として、みんなで力を合わせて意義のある事業を創っていこう。

豊田祐規子、後藤美歌、大原学、嶋原佳奈子、照沼かおり、斎藤陽介、そして学生インターン諸君。今のクロスフィールズがあるのは、みんなと過ごした日々があるからにほかならない。卒業してそれぞれの道で活躍をしているみんなのことを心から誇りに思っているし、これからもクロスフィールズの家族の一員だと呼ばせてほしい。

これだけ奔放にやってきた僕を応援してくれる家族には、感謝の言葉しかない。

「おまえがやりたいことを、好きなようにやれ」という教育方針を両親が貫いてくれなければ、今の僕は決してなかった。互いの夢を応援し合い、いつも刺激を与え合うことができる最良のパートナーである、妻の志緒。志緒とともに人生を歩めることが、僕にとっては人生の喜びだ。そして、長女の凛夏と生まれたばかりの長男の大志へ。クロスフィールズの事業とこの本とが、きみたちに素晴らしい未来の世界をプレゼントすることの一助になればと、父親として切に思う。

最後に、僕の第2の故郷であるシリアの人たちへ。

人生で一番大切なことが何かを教えてくれたのは、みなさんだった。1日も早くシリアに平和が訪れて、みなさんが大好きな故郷で家族や友人たちと楽しく暮らせる日が来ることを、心から願っている。

２０１６年某月　ラオス・ルアンパバーンのメコン川を見渡すカフェにて

［著者］
小沼大地（こぬま・だいち）
NPO法人クロスフィールズ共同創業者・代表理事
1982年生まれ、神奈川県出身。
一橋大学社会学部を卒業後、青年海外協力隊として中東シリアで活動。帰国後に一橋大学大学院社会学研究科を修了、マッキンゼー・アンド・カンパニーにて勤務。2011年、ビジネスパーソンが新興国のNPOで社会課題解決にあたる「留職」を展開するクロスフィールズを創業。2011年に世界経済フォーラム（ダボス会議）のGlobal Shaperに選出。2014年、日経ソーシャルイニシアチブ大賞・新人賞を受賞。国際協力NGOセンター（JANIC）の常任理事、新公益連盟（社会課題の解決に取り組むNPOと企業のネットワーク）の理事も務める。

※著者印税はNPO法人クロスフィールズの活動とシリア難民支援を行う団体のために寄付させていただきます。

働く意義の見つけ方
——仕事を「志事」にする流儀

2016年9月1日　第1刷発行
2022年7月21日　第2刷発行

著　者——小沼大地
発行所——ダイヤモンド社
〒150-8409　東京都渋谷区神宮前6-12-17
https://www.diamond.co.jp/
電話／03·5778·7233(編集)　03·5778·7240(販売)
編集協力——新田匡央
撮影————宇佐見利明
ブックデザイン—中川英祐(トリプルライン)
校正————鷗来堂
製作進行——ダイヤモンド・グラフィック社
印刷————八光印刷(本文)・加藤文明社(カバー)
製本————加藤製本
編集担当——和田史子

ISBN 978-4-478-02518-5